スマホ暗証番号を「8376」にした時から運命は変わる!

琉球風水志
シウマ

飛鳥新社

はじめに

はじめまして。琉球風水志のシウマです。

よく「風水志の〝志〟を間違えていますよ」と言われたりするのですが、私の場合は〝志〟で正解なんです。

これは、私の地元・沖縄に伝わる独自の風水である琉球風水を〝志す〟という意味と、「〝師〟を名乗るのは、まだまだ早い」という思いから、風水志としています。

私がこの道を志すキッカケになったのは野球です。

こう書くと少々意外に思われる方もいるかもしれません。風水は環境学という学問です。ですから風水志である私も文化系だと思われることが多いのですね。

野球は少年の頃から、いま現在に至るまでずっと続けています。

甲子園への出場経験や、大学時代にはリーグ盗塁王のタイトルも取ったことがあるんです。学生時代の私は本気で野球を続けていたのですが、風水の師匠でもある母からのアドバイスがしばしば私を助けてくれたのです。

相手チームのピッチャーの生年月日や名前から導き出される「数字」を知ることでそのピッチャーの性格や考え方を読み解くことができたのです。ピッチャーの考え方がわかれば、「どんな配球をしてくるか」もわかるようになります。

当然、私の打撃成績はグンとアップしました。母のアドバイスに従うと、不思議と個人もチームの成績も良くなることが多かったのです。逆に、母のアドバイスを守れなかったり逆らったりすると、成績は急降下しました。私の風水志としての活動は、そうやってスタートしたのです。


私が最も得意とする〝術(わざ)〟も、そうした**数字を使った運気アップ法**です。

その術の名前を「**数意学**(すういがく)」と言います。

今、思えば硬式野球をしていた時から私は知らず知らずのうちに、この数意学を用いていたのでしょう。数意学によって導き出されるパワーや運命は、なにも私の独断で決めたものではありません。非常に長い年月をかけて構築された学問である姓名判断と、環境学、物理学である琉球風水を基にしています。

姓名判断は約４０００年前から始まったとされる統計学のひとつ。名前の画数によって運命や運勢を判断しますが、私の数意学では、画数から独自に進化させて、身近にある数字をもその統計に取り込んでいます。

現代社会において、私たちはたくさんの数字に囲まれて生活をしています。

この**数字ひとつひとつに運気や人の人生を左右するほどのエネルギーがあり、意味がある**ことをご存じでしょうか？　この本では普段なにげなくつき合っている数字の持つエネルギーや意味を多くの人に知ってもらいたいと思っています。

その数字が持っているエネルギーと意味を正しく知ることが数意学の第一歩です。

そして、エネルギーと意味を理解した上で、〝動く〟〝変える〟ことが一番大切なことです。

読者の皆さんの中には、「風水と数字はまったく別ものなのではないか？」と言う人もいるかもしれません。

風水、そして琉球風水では、ところが、決してそうではないのです。

「風水の基本は掃除をすること」「汚い部屋に幸せはこない」と聞いたことはありませんか？　これは、掃除そのものに大きな意味があるというよりも、「より良くなろう！」と〝行動する〟ことに意味があるのです。「良くなりたい」と掃除をしたり家具を動かしたりした時に、もう〝変わっている〟のです。まるで物理の法則のようですが、まさにその通り。

〝動く〟〝行動する〟ことからすべてが始まります。

「変わりたい」と動いた時から、あなたの運命も変わるのです。

そうは言っても、元気がない、ヤル気がない人に「掃除から始めてください」と言ってもなかなか動けないものです。行動に移すまで時間がかかる人もいます。

ところがそんな人たちに私が「暗証番号を正しい数字にしてみましょう」と言うと、

すぐに変える人がほとんどでした。

つまり**数字を使えば、誰でも、いつでも変えられる、変われるようになる**のです。

そして良い影響を引き寄せる数字を持つことで自然に自分の運を強くすることができます。


この本では身近にあふれるさまざまな数字の中から、**携帯電話やスマートフォンにまつわる数字を中心に運気アップの術を解説**しました。

いまや、ケータイやスマホは、老若男女問わず、姓名と同じように誰もが肌身離さず持ち歩いているもの。そして、電話番号をはじめ暗証番号、アカウント……等々といった数字と、もっとも密接にリンクしているものだからです。

自分に合った数字、良い数字をケータイ、スマホの中に取り入れて、より元気に楽しく毎日を過ごせるように。

さぁ、あなたも運命を変える第一歩を踏み出してみましょう。

デザイン・イラスト　大塚さやか
制作協力　黒島愛深（SDM）

●本書は主婦と生活社から2015年に刊行された『スマホ暗証番号を「8376」にした時から運命は変わる!』を再構成・加筆し文庫化したものです。

あなたの運を左右する「数字のパワー」を知ろう！

数字を上手に活用して運気を上げる〝数意学〟

本書でお伝えするのは、**数字には意味があり、それを理解し上手に活用していくことで運気を高めていきましょう**、ということです。これが私の提案する**数意学**です。この本のタイトル『スマホ暗証番号を「８３７６」にした時から運命は変わる！』とありますが、数意学実践のために使う数字が、**ケータイやスマホにまつわる番号**です。

ケータイやスマホの数字は運気に大きな影響を与えています。良い数字は良い運気を引き寄せます。〝ラッキー７〟や〝８は末広がりで縁起がいい〟と昔から言われていますが、数字にはそれだけ強いエネルギーがあるのです。すでに良い数字を使っているならさらに良くなるように、逆に悪い数字なら良い数字に変えたり、あるいは、良い数字と組み合わせることで悪い数字の影響を消したり、上手に活用していけばいいのです。

そこで**大きな鍵となるのが電話番号の下４桁。**そして、本書のタイトルにもなっている**ケータイやスマホの暗証番号**とするべき数字です。タイトルにある**「８３７６」の各位の数をすべて足すと「24」になるのですが、この数字こそが重要なのです。**この数字はあなたを助けてくれる数字。運命を変えてくれる数字です。この運命を変えてくれる数字は、「24」以外にもたくさんあり、あなたの持っているケータイやスマホの電話番号の下４桁から導き出されます。

でも、スマホやケータイにまつわる番号を使うのはなぜ？

と思った方はきっと多いはず。

それを説明する前に数意学について、もう少しだけお話しします。この数意学という言葉は風水師である私の母親がつくったものなのです。つまり、**数意学というのは琉球風水のひとつ。**ここでいう風水は、私の故郷である沖縄に伝わる琉球風水です。

現在、私は琉球風水志として数の力を皆さんに伝えるとともに、琉球風水も広く知っていただきたいという思いがあります（琉球風水については、本書の最後でも紹介します）。

琉球風水では、行動する＝気（空気や気持ち）を動かす、ことを重視しています。ケータイやスマホに良い数字を取り入れることで開運できるのは、数字が持つ力はもちろん大きく関係しているのですが、**運気を変えるために良い数字を取り入れるアクションを起こした、ということが最も大切なこと**なのです。

アクションを起こすというのは、簡単なことのようで実はそうではありませんよね。風水では掃除をすると運気が上がりますよと言っても、「面倒くさい」「時間がない」などなど、さまざまな理由をつけて掃除をしない人も多いのではないでしょうか。掃除というのは本当はなかなかハードルが高いのです。

そこで数意学では、もっと気軽に動いてみましょう、**自分が普段肌身離さず持ち歩**

いているケータイやスマホで良い数字を使ってみましょう、ということを提唱しているのです。

いつも使う数字を良い数字に変えれば運気は上がる!

そもそも数意学誕生のきっかけとなったのは、母と私が行っていた姓名判断でした。姓名判断とは、名前の画数（総画、天格、地格など）から、運気を見ていくものです。画数が悪い場合、文字を変えるなどして良い画数に変える人もいます。
数意学でも数字を使います。数字にはそれぞれ意味がありますが、これは姓名判断の画数をベースとし、母や私が行った多くの鑑定などで培ってきたものです。困難に負けない強さをくれる「8」、気持ちの若さを保つ「13」、タフさを補うには「18」と

いうように、**数字には固有のエネルギーが備わっています。**

また、大きく分けると数字には、良いエネルギーを持つ「吉数」と、あまり良くない影響をもたらす「凶数」があります。吉数の中でも特に良いエネルギーを持つ数字を「大吉数」といいます。**大吉数は「15」「24」「31」「32」「52」の5つ**あります。

「15」は、健康運や愛情運に恵まれ、魅力あふれる数字。

「24」は、金運アップのほか玉の輿にのれ、子宝にも恵まれる数字。

「31」は、さまざまなジャンルの人といい縁を結べ、人に恵まれる数字。

「32」は、チャンスやツキを呼び、ここ一番というときに実力を発揮できる数字。

「52」は、アイデアやひらめきに恵まれ、金運に強い数字。

この5つの数字はオールマイティーな力を持ち、どんな人にも大きなパワーを与えてくれます。ですからこれら大吉数は覚えておいて損はありません。

このように**数字の意味を理解し活用し、自分に欠けているものをプラスしたり、なりたい自分像をもたらす数字を使っていくことで運気を高めていく**のです。

実は私自身若い頃は、風水師である母の分析や数字の力をまったく信じてはいませんでした。こんな私が、数字の力に気づかされたのは大学時代です。

母のアドバイスを積極的に聞くようにしたところ、試合での打撃成績がどんどんアップし、打率は4割9厘に！ 数字の力を実感した時でした。

そこから、風水の道を歩み始めることになったのです。

それでは、姓名判断からどのようにして数意学が誕生したのかをお話ししましょう。

私は風水志であると同時に多くの方の姓名判断の鑑定もしてきましたが、その中で感じ始めたのは、

「名前は良い画数なのに、なぜいつも不運に見舞われるのだろうか？」

逆に、

「画数は悪いのに、ここぞというときにいつもうまくいっている、なぜ？」

そんな疑問でした。この問題の解決に取り組み始め、最初に気づいたのが、誕生日の生まれ日の数字の影響が運気に出ていたということです。

たとえば、その方が12月4日生まれなら、「4」という数字が意味する人間関係がうまく築けないということが、その人の運気に影響していたのです。その後も車のナンバー、電話番号、暗証番号……とさまざまな数字と運気の関係を見ていくと、誕生日に限らず身の回りにある数字が非常に強いエネルギーを持っているということがわかってきたのです。

こんなこともありました。すごく良い画数の名前を持っている方なのに、なぜかいつも金銭トラブルに見舞われるのです。なぜだろう？　そんな興味を持っていろいろ調べました。実は、金銭トラブルを引き起こしやすいのが「14」という数字です。まず、その方のケータイの電話番号の下4桁の数字を足してみたところ合計は「14」。そして、同じように車のナンバープレートの数字も足してみるとこれも「14」。さらに、銀行のキャッシュカードの暗証番号の合計も「14」だったのです。

実際、風水相談に来られる方に、名前の画数は変えずに、ケータイの番号など身の周りの数字を良い数字に変えてもらうようにアドバイスしたところ、どんどん運気が上がっていったのです。良い数字のパワーが良い運気をもたらしてくれたのです。

こうして母とも協力し5万人近くのデータを集めて統計を取っていきました。**運気は名前の画数だけではなく、自分が固有で使う数字、特に電話番号の下4桁の影響を強く受けている**ということがわかったのです。

運命は数字で変えることができる

姓名判断では、画数が悪いと「どうせ名前は変えられないし……」とそこであきらめてしまう方は少なくありません。不思議なことに、悪い画数は悪い数字を引き寄せ、悪い運気をもたらします。でも、名前の画数を変えなくても、自分が良い数字を使うことで運気を変えることができるとわかったら、あなたはどうしますか?

名前はなかなか変えることはできませんから、姓名の画数は宿命のようなもの。

でも、**宿命は変えられませんが、運命は変えられるのです。**

ケータイやスマホの電話番号やさまざまな暗証番号など、**自分の周りにある数字を変えることで、自分の弱点を補い、強みが強化されることで、運命を変えることができます。**

数字は風水でいう〝気〟

考えてみると、私たちはたくさんの数字に囲まれながら生活しています。まずは、

時間。朝、目覚ましで6時に起き、7時20分の電車に乗って会社に行き、9時からの始業。日中は14時30分に会議や打ち合わせ、18時に終業……。

月日、気温や湿度、お金も数字が使われます。ダイエットをする人は体重や体脂肪率を気にし、健康診断ではさまざまな数値に一喜一憂しています。

電話番号はもちろん、さまざまな暗証番号、電車には号車番号がつき、コインロッカーにも番号があります。

数字は関係のないように見えるダンスや音楽も、リズムは数字でカウントします。スポーツの勝敗も点数が決めます。

実は人気も数字です。ミュージシャンならファンの数や発売されるCDやDVDの数で人気を測ります。また、長い行列のできる店は人気店ですよね。これも並ぶ人の数で人気がわかります。

このように多くのものは数字に置き換えることができます。

「数」は見えないもの。**「数」は「気」に近いもの**、あるいは電波の周波数のようなものです。その概念をあらわすのが「数字」です。そして、その数字を上手に使いこなす術が数意学なのです。ケータイやスマホは、数という目に見えないエネルギーを電波に乗せて取り込んだり、放出したりする道具。つまり、現代社会における気の通り道のひとつなのです。

だからこそ、ここで使われる数字を数意学では重要視しています。**ケータイやスマホといった通信機器は、いつも肌身離さず持ち歩く重要なアイテム。そこから受けるエネルギーも強力で運気も大きく左右します。**

良い数字→良い数字に変える時は試練が待っている

これまで数多くの鑑定を行う中で、新たに発見した数意学の現象があります。まずひとつは、**良い数字から良い数字に変えたときは、マイナスのことが起こるというこ**

と。

えっ⁉ 運気が良くなるといったのにどうして！ という声が聞こえてきそうですが、これは一種の好転反応です。良い数字を持っている場合でも、今、自分が置かれている状況にマッチするために良い数字に変えるといった場合があります。このときは、一度マイナスのことが起こりますが、その後に運気が上昇します。これは私も体験済み。

また、**自分に似合わない数字に変えるときも、一度特に大きな試練がやってきます**。

たとえば、根が暗く内気な性格を、明るく社交的に変えたいという場合。「13」という周囲の人気を集める数字に変えたとしましょう。すると、「大勢の人の前でスピーチをしなければいけないことになった！」といったようにこの人にとっての試練がやってくることが多いのです。それを乗り越えていかないと、良い数字に、なりたい自分に近づけないということなのでしょう。

今度は私のケースをひとつお話ししましょう。

10年前、上京してきた当時、私のケータイの電話番号の下4桁を足した数字は「15」でした。この数字は吉数の中でも、良い運気を引き寄せる力が強い大吉数です。女性が持つとすごく良い数字なのですが、男性にとっては優し過ぎる数字なんです。私自身、若い頃から野球というスポーツに取り組み、強気な性格でしたから、「15」を持つことで自分らしさが消えてきて似合ってないなと感じ、しっくりきていませんでした。そこでケータイの電話番号を下4桁を足した数字が「17」になるように変えました。「17」は攻めの吉数です。自分らしさを出し大きな目標を叶える数字でもあります。

するとそれ以後、メディアへの露出が増えて、タレント活動も活発になり、より多くの方のお役に立つことができるようになったのです。ちなみに、「17」にはタレント性、自己プロデュース、美意識、努力家、健康、独立心といった意味があります。こうなりたいという自分が明確であれば、どの数字が必要なのかもわかります。その後、私をプロモーションしてくれる方や一緒に仕事をするようになった方にケータイの番号を聞いたら全員がなんと足して「17」の数字でした。良い数字は良い人を引き寄せるんです。その人たちとは結局いまでも長いお付き合いをさせていただいており、一緒に仕事をすることも多いのです。

もちろんこのときも好転反応がありました。マイナスの出来事は起き、「17」に変えた頃に仕事でトラブルに見舞われました。それは自分の未熟さが原因だったのですが、どうにか乗り越えることができ、その後は良い運気の波にのっていますが、今思うとこれがマイナスの出来事だったのです。

こんなケースもあります。

当時B子さんは、結婚願望はあったものの、新しい出会いもない状態でした。当時持っていたケータイの下4桁を足した数字は「18」。守りが強く、人を寄せ付けない、新しい出会いに恵まれにくい数字です。女性が「18」を持つと、男性よりもその影響を受けるのが強くなってしまい、結婚から遠ざかってしまうんです。そこで数字を「24」に変えたのです。ここで遭遇したマイナスの出来事が、彼女が一度もしたことがなかったワンナイトラブでした。B子さんはそれに大変なショックを受けていました。

ところがその1か月後、B子さんは素敵な男性と出会い、寿退社。現在はお子さんも生まれて、幸せに暮らしています。試練というのは、他人から見たら「そんなこと」と思うかもしれませんが、本人にしてみれば大きな転機になるのです。

もちろん、番号を変えたときに遭遇した試練を超えられずに、別の数字に再度変える人もいます。私は数字のアドバイスはしますが、決めるのは本人です。

好きな数字が悪い数字だったらどうする？

皆さんには好きな数字はありますか？　どんなときにその数字を使いますか？　宝くじのナンバーズに使う、パスワードに使う、……一方、「4」や「9」は避けるなど、使い方はさまざま。数字の意味がわかるようになると、たとえばこんな質問がよくきます。

「結婚するタイミングが2月22日だったり、2月に行きたかった部署への異動が叶ったり……自分のラッキーナンバーは「2」。でも「2」は悪い数字なので、変えたほうがいいでしょうか？」

というもの。つまり、好きな数字が悪い数字だった場合の対処法に迷うわけですね。

でも「2」はチャンスに弱く凶数です。**基本的には凶数は持たないほうがいい**のですが、どうしても「2」を持ちたいなら、「4」を組み合わせて「24」の大吉数にして使ったらどうですか？　という提案をします。「24」は、お金も恋も仕事もすべて手に入れることができる大吉数です。

とはいえ、本人にとってストレスにならないようにするのが大切なので強制はしません。最終的には、本人が自分で決めることです。自分で決めるというアクションが大切なのです。

「運命ナンバー」を調べて「お守りナンバー」で開運しよう！

電話番号の下４桁が導く
あなたの〝運命ナンバー〟

ＰＡＲＴ１では、数が運気に大きな影響を与え、なぜケータイやスマホの番号を使うのか、その理由をお話ししてきました。

では早速、ケータイやスマホを使った数意学をお伝えします。

まずは、**自分のケータイやスマホの電話番号の下４桁を足して合計数を求めます。**

本書ではおもに１～36までの数字を取り上げていますが、数意学で使う数字は80まであります（１２０～１３３ページ参照）。数字が81～99の場合、80を引いて考えます。

３桁以上の数字の場合は、すべての数字を足して合計します。「０４７」など頭に「０」がつく場合も、３桁の数字とみなして合計数を求めます。ちなみに「０４７」の場合

は「11」になりますね。

たとえばケータイの番号が090－●●●●－1354だとしたら、**1＋3＋5＋4＝13。これがあなたの運命ナンバーです。運命ナンバーは「1」～「36」までの36通り。**４桁ですから「0000」から「9999」まで、４つの数字を合計した数はすべて「0」から「36」の数字のいずれかになりますから37通りなのですが、そのうち「0」だけは「10」として考えてください。そして、「0」を除いた「1」～「36」までの**運命ナンバーはひとつひとつがエネルギーを持っており、そのエネルギーはすなわち、持ち主であるあなた自身のエネルギー＝運命をも表しています。**

運命ナンバーの持つエネルギーには、良い部分もあれば悪い部分もあり、固有の特徴があります。それらはやはりあなたの長所や短所、性格を映し出しているのです。数の持つエネルギーや意味を正しく知ることで、自分自身と運命、そして自分の運気に何が欠けているのかを知ることができます。

運命ナンバーも、大きく吉数と凶数に分類できます。吉数・凶数早見表（134～

135ページ）も参考にしてください。吉数は良い運気をもたらす数字ですが、凶数は悪い運気をもたらす数字ですから、基本的には避けたい数字です。もし、運命ナンバーが凶数だった場合、理想的なのは、ケータイやスマホの下4桁を足した数字が吉数になるように電話番号を新しくしてしまうことです。番号をまったく新しくすることで、運気をリセットし、運命をガラッと変えられます。

たとえば、故障や紛失など何かの理由で電話番号を変えた多くの人が一番最初に何をするかというと、十中八九、アドレス帳のデータ整理、つまり人間関係の整理をしませんか？　あなたも電話番号を変えた時にはアドレス帳のリストをじっくりながめて新しい番号を知らせる人、知らせない人を分けませんか？　データを消去して縁が切れてしまう人も出てくるはず。

でも、そうすることでアドレス帳にはスペースができます。そして、そこに新しい出会いが入り込めるのです。あるいは、久しぶりに連絡した人と新しい付き合いが始まることもあるでしょう。こうして数字が動いたことで運気が、運命が変わっていくことにつながっていくわけです。

〝お守りナンバー〟で運命を変える

でも、現実的に電話番号を変えるのは大変です。手続きが面倒ですし、仕事先や友人、知人に番号変更の連絡をしたり、銀行やショッピングサイト、クレジットカード会社への変更届け……等々、変えた後のわずらわしさや手間を想像するだけでウンザリです。機種変更後も同じ番号を使えるナンバーポータビリティ制度もある現在、電話番号まで思い切って変える人はそれほど多くないでしょう。

そこで本書では、**ケータイやスマホの電話番号を変えずに手軽に開運できる方法**を紹介しています。その方法はおもにふたつ。ひとつは、

ケータイやスマホの暗証番号、ロックナンバーを良い数字に変えるという方法です。

先に、電話番号の下４桁から自分の運命ナンバーの割り出し方を説明しました。運命ナンバーは、その名の通りその数が持っているエネルギー、そしてあなたの運命、性格、特徴、長所・短所……を表しています。そして、この**運命ナンバーは、それぞれお守りナンバーというものを持っています。**運命ナンバーが吉数の場合は、そのプラス効果を高め、逆に、運命ナンバーが凶数の場合は、マイナス効果を軽減するように働くのがお守りナンバーの役目です。つまり、ケータイやスマホの**暗証番号をこのお守りナンバーに置き換えるだけで、お守りナンバーがあなたの運気、運命を良いほうへ導いてくれる**のです。

それでは、運命ナンバーが「24」だったケースを取り上げて解説しましょう。

運命ナンバーが「24」（94〜95ページ参照）の場合、お守りナンバーは女性が「31」で男性が「15」です。あなたが男性ならお守りナンバーの「15」を暗証番号に使います。どうするかというと、**足して「15」になる数字の組み合わせを考える**だけです。

暗証番号は４桁を使っている人が多いと思いますが、最近の機種では５桁以上の場合もあります。**桁数が大きくても足して「15」になればＯＫ**です。95ページでは、４桁「００９６」、５桁「８６００１」、６桁「６６００１２」の例を提示しています。これはあくまでも一例です。自分で数字の組み合わせを考えて使いましょう。

また、女性の場合は、足して「31」になる組み合わせです。例では、４桁「８８８７」、５桁「５５５８８」、６桁「５２３５８８」を提示しています。言うまでもないことですが、**暗証番号は非常に大切な個人情報です。紛失や盗難など取り扱い、管理には注意を払って、ご自身の責任の元で定期的にほかの組み合わせに変更するなどしましょう。**

ＳＮＳやインターネットの活用で、いくつもメールアドレスやアカウントを持つ方も多いのではないでしょうか。この数字は**暗証番号以外にも、メールのアカウント（＠の前の部分）などに使ってもＯＫ**です。

待ち受け画面にお守りナンバーを置いて開運！

ケータイやスマホの電話番号を変えずに開運できる、もうひとつの方法は、**待ち受け画面を方位盤に見立て、お守りナンバーを相性の良い方位に置く方法です。**

わかりやすく言うと、導き出された**自分のお守りナンバー入りの壁紙を使う**ということです。スマホなら、画像編集機能や写真加工アプリなどを使うと、撮影した写真やアルバム内の画像に簡単に文字を書き込んだり、スタンプをつけたりすることができます。この機能を利用して**壁紙に自分のお守りナンバーを書き込んで、待ち受け画面として登録**するだけです。ただしこの時、お守りナンバーを書き込む場所が大切になります。**お守りナンバーの力を引き出せる吉方位に数字を書く**必要があるのです。

待ち受け画面のベースとなる壁紙は、写真でもイラストでも、自分自身が好きなもの、見ていて落ち着くもので構いませんが、お守りナンバーを書き込んだ時にやはり**一番効果を発揮するのは、パワースポットの写真**です。具体的な例を挙げるならば、神社仏閣、山や森、清らかな水や滝……といったもの。

誰かから送ってもらったりした画像でも構いませんが、自分自身で撮影したものであるとより一層効果があります。

では、これも運命ナンバー「24」（94〜95ページ参照）の場合で見てみましょう。「24」のお守りナンバー男性「15」、女性「31」とも吉方位は「北西」。39ページの表にあるように方位盤に見立てた待ち受け画面の「北西」の位置（画面の右下）に、男性なら「15」、女性なら「31」がくるようにします。

おやっ？　と思われた人もいるのではないでしょうか？

実は**風水で使う方位盤は、上が南で下が北になります。東も西も左右に入れかわります**。ですから、北西は向かって右下になります。ここで風水豆知識。なぜ上が南で下が北になるのかというと、方位盤が太陽の通り道を意味しているからなんです。太陽は私たちの上を通り、東から昇り南を通り西に沈みます。太陽は下を回ることはありません。

こうして、お守りナンバーを指定の方位に配置したら完了です。

「暗証番号を変える」「数字を画面上に置く」という行動を取った時点で、あなたの運気は変わっています。

だって、もう実際にスマホを手にとって設定の〝変更〟をしているじゃないですか。

「変わろう」と動いた時から、運命はもう変わり始めているのです。

これでバッチリ！ スマホ画面方位表

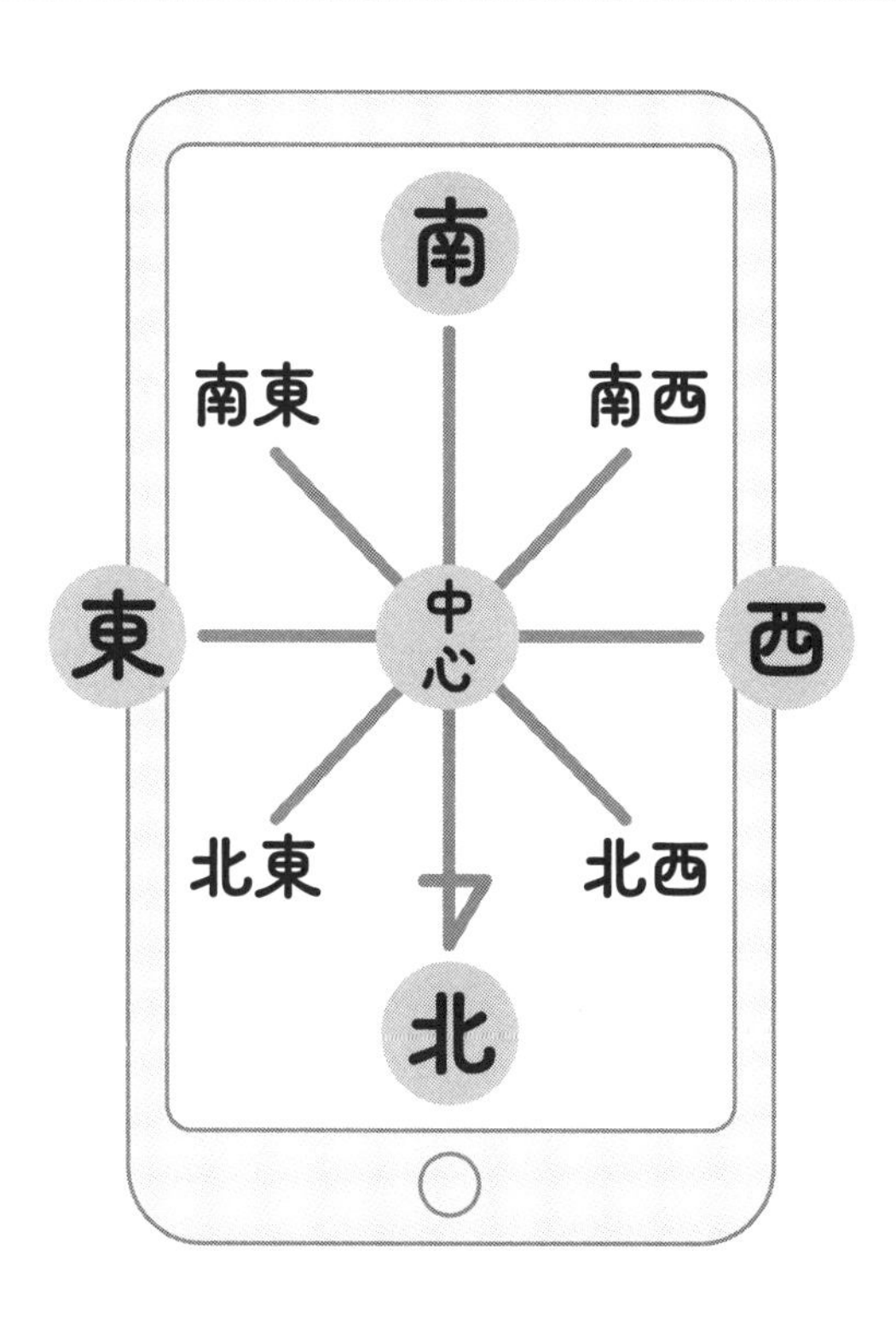

【注意！】風水では東西南北は上下左右が逆になります。

アラーム&メールは時刻を選んで良い気を引き寄せる

ケータイやスマホはこれだけ生活の中に入り込んでいますから、暗証番号や待ち受け以外でも、日常的に数字をうまく使うことで運気に弾みをつけることができます。

たとえばアラーム機能を目覚まし時計代わりに使っている人は多いのではないでしょうか？　**時刻の設定でも良い数字を使って**みましょう。

起床時間を決める時は、「7時00分」、「7時30分」というようにキリの良い時間にすることが多いですよね？　実は「0」や「10」など0がつく数字はあまり良い数字ではありません。0というのは〝存在していない〟という意味で数意学では凶数です。原因不明のマイナスの出来事が起こります。でも、その前後は良い数字が多いので、その数字に置き換えてアラームをセットするといいですね。

時間のほうは大きく変えられないので、分数で良い数字を使えばOK。基本的には吉数を使えばいいので、吉数・凶数早見表（134〜135ページ参照）を参考にして決めましょう。たとえば、7時に起きる時は、その前後の「6時52分」や「7時01分」にアラームをセット。たったこれだけで、良い運気を引き寄せてくれます。

毎日必ず使う**メールやLINEでもこの運気アップ法は使えます。送信する時間を良い数字にしてみましょう。**

たとえば、気になる相手にデートの誘いメールやLINEをするとしましょう。ふと時計を見ると、18時10分でした。でも「10」はあまり良い数字ではありません。吉数の「11」である「18時11分」や願いが叶う大吉数の「24」まで少し我慢して「18時24分」にメールを送信してみる、といった具合です。

これは**相手に良い数字を送ることでもあるので、良い影響があなたに返ってきます。つまり、相手から「OK」の返事がもらえる可能性がアップします。**

待ち合わせをする時間も同様です。「18時01分」や「13時33分」など分数に良い数字を使うといいですね。相手も「この半端な分数はなんだろう？」という気になりますよね。相手に良い数字、つまり良い気を知らせるという意味にもなり、相手の運気にもプラスの影響を与えていることになるのです。

数字を加えて運気アップする

数字の意味がわかるようになると、さらにさまざまな活用ができるようになります。ひとつは、**アドレス帳の登録名に数字を加えると、その人に数字のパワーが作用します**。どのように使うかというと、たとえば、片思いの相手に振り向いてほしい場合、アドレス帳に保存してある相手の登録名に、注目を集める数字の「17」を加えます。相手のリアクションがくる可能性が高まります。逆に、別れたい人や交流を断ちたい人には、別れを意味する「7」や「27」の数字をこっそり加えておくという方法もあ

ります。

ビジネス面では、まじめで融通の利かない部下がいるとしましょう。その人の名前の後にどんな人にも順応性を持って対応できる「23」を入れておくと、そのパワーの影響が出てくる可能性大。このように、自分が望む状況に近づくためのアクションを起こすことが大切なのです。

日常生活の中で良い数字を選ぶ

ケータイやスマホ以外でも、日常生活で数字に触れる機会というのは意外と多くあります。銀行のATMの窓口番号、列車や航空機の座席、コインロッカーの番号、居酒屋の下足箱、車両番号などでも数意学は活用できます。2桁まではその数は吉数な

のか、凶数なのかで使い分けするといいでしょう。数字の桁数はさまざまですが、基本2桁まではそのままの数字で、3桁以上は各位の数字を足した数で見ます。

また、名刺入れの中には吉数の枚数だけ名刺を入れておく、お財布には吉数枚お札を入れておくといった使い方があります。また、その**数字を見たり、自分で書いたりすることも、良い運気をもたらす**ことにつながります。

色のパワーも上手に使う

色も運気に影響を与えるものです。数意学では琉球風水をベースにした色風水も取り入れています。色のパワーを日常生活に取り入れるコツは、まず好きな色で自分自身の傾向を知ること。好きな色が意味するのは今の自分が欲しているもの。ですから、

壁紙に書き込むお守りナンバーの色にするなどして使いましょう。８つの色のパワーは左記のとおりです。

レッド…エネルギッシュ　闘争心　元気回復
オレンジ…若々しさ　陽気さ　人気　親しみ
イエロー…豊かさ　権力　希望　集中力
グリーン…安らぎ　平和　鎮静　バランス
ターコイズブルー…洞察力　アイデア　処理能力　積極性
ブルー…冷静さ　食欲を抑える　落ち着き
バイオレット…癒やし　高貴さ　変化　内なる意志
マゼンタ（ピンク）…優しさ　愛情　若返り　温かさ

1 自分の運命ナンバーを調べる

いま使っているケータイ、スマホの
電話番号下４桁の数字を足す

［例えば…］ ×××-▲▲▲▲-５４３１
⇒５＋４＋３＋１＝13 ← これがあなたの運命ナンバー

スマホや携帯の下４桁を上記のように足した数があなたの運命ナンバーです。合計数が「0」の場合は「10」を見てください。その数字の意味を短い単語であらわしたのが運命ワード。まずはあなたの性格や運気の傾向を知ってください。と同時に気をつけたい点や運気アップのポイントもわかります。例でいうと「13」が運命ナンバー、人気者などの言葉が運命ワードです。

2 お守りナンバーをバラし暗証番号に！

［例えば…］ **お守りナンバーが８の人⇒ ０・０・０・８** …etc.

それぞれの運命ナンバーには、その数字をサポートするお守りナンバーがあります。それは男性と女性では異なるので注意してください。足してこのお守りナンバーとなる数字の組みあわせを暗証番号などに使います。暗証番号は非常に大切な個人情報です。本書で示しているのはあくまでも参考例です。紛失や盗難などに十分注意し、定期的に変更するなど管理を徹底してください。

3 お守りナンバーを待ち受けに！

画面を風水の方位盤に見立てて吉方位に数字を置く

待ち受け画面を風水の方位盤に見立てます。北、南、西、東、東北、北西、東南、南西の８方位と中心があります。お守りナンバーと相性のいい方位を吉方位といい、お守りナンバーをその方位に配置します（39ページ参照）。

4 個別の願い事も運気UP！

開運ナンバー×幸運の壁紙のエネルギーを取り込む

ＰＡＲＴ３では、恋愛・結婚運、金運、仕事運、社交運、健康運に分け、願い事が叶う開運ナンバーを紹介。開運ナンバーを置く方位、さらに、その願い事をつかみ取る強いパワーをあなたに与えてくれる壁紙も伝授。壁紙は自分で撮影したものはより開運力がパワフルです。

PART 2

①

運命ナンバー

13

のアナタは…

人気者　親しみやすい　笑顔　主役
決断力　キュート　ムードメーカー

ノリの良いトークと親しみやすいキャラクター、抜群の存在感で、芸能人のような人気を獲得する「13」。グループの中でも、元気なムードメーカーとして活躍します。決断力にも優れており、絶好のチャンスをつかむことができそう。おっちょこちょいな一面もありますが、そんな部分も憎めないキャラとして受け入れてもらえるはず。健康にも恵まれていて、年齢を重ねても変わらずエイジレスな魅力を発揮。老若男女から幅広く支持を集めるでしょう。

人見知りせず、誰とでもすぐに親しくなれますが、ちょっぴり空気が読めないのが難点。ハイテンションでみんなを驚かせるような言動をしてしまうこともあります。それでも嫌われたり、悪口を言われたりすることのない、トクなキャラクターです。

72

お守りナンバーを「暗証番号」にして開運！

②

シリアスな場に適したまじめさを	大人にふさわしい落ち着いた雰囲気に
たとえばこんな組み合わせに！	たとえばこんな組み合わせに！
9907	0008
88801	26000
707344	440000
…etc.	…etc.

③

男性は画面の東に25を置く

お茶目なキャラクターで常にハイテンションな13、でも時に浮いてしまう可能性も。「チャラチャラした人」と眉をひそめられてソンをしないためにも、「25」のお守りナンバーを東の方角へ置いておきましょう。まじめさが身につき、落ち着きが手に入ります。

女性は画面の東南に8を置く

キュートな魅力で周囲を明るくしてくれる13ですが、空気を読む必要があるシーンにはそぐわないことも。場にふさわしいふるまいができるように、「8」を東南に置いて、落ち着いた雰囲気を演出してくれて、目上の人と会うときもスムーズに乗り切れます。

73　PART 2　「運命ナンバー」を調べて「お守りナンバー」で開運！

PART 3

④

恋愛・結婚運UP

開運ナンバー

17

「片思いを成就させたい！」

自分磨きのモチベーションをアップ
魅力的になって彼の心を手に入れよう

好きな人を振り向かせたい！　そんな片思い中の人におすすめなのが、高い目標を叶えてくれる「17」の数字です。南の方角に置くと、「自分磨きをしてキレイになろう！」というモチベーションが自然とわいてきます。さらに、恋愛運アップに強いハートのモチーフやピンク色、バラの花と組み合わせるとGOOD。バラ園に行ってピンクのバラの写真を撮って、携帯の待ち受けにするのもいいですよ。努力して魅力的になったあなたに、彼も振り向いてくれるはず。

待ち受け画面に置いて運気UP

開運ナンバーをスマホの南に置く

関運壁紙でさらに運気UP

ハート

142

恋愛・結婚運UP

開運ナンバー

32

「出会いのチャンスを増やしたい！」

さわやかに吹く風と一緒にうちわが出会いを運んでくれます

今は特定の恋人がいなくて、誰かいい人と出会いたい！　と思っているなら、「32」を活用して、さまざまなチャンスを引き寄せるこの数字は、合コンや友人の紹介で素敵な相手に出会う確率をぐんと高めます。

出会いは「風」が呼び寄せるものなので、風を起こすアイテムを身の回りに置くのも◎。オレンジ色のうちわや扇風機の画像を壁紙にしておけば、あなたと相性ぴったりの相手にめぐり会う可能性がさらに高まります。数字を置く方角は、東南がいいでしょう。

143　PART 3　願いごとを「開運ナンバー」で叶えよう！

次ページから、あなたの運命ナンバーを徹底解説！

「1」という数字が示すとおり、誰よりも〝ナンバーワン〟であることを好むエネルギッシュな数字。持ち前の高い行動力と積極性で、どんな場所にいても、すぐにトップの地位を獲得します。トレンドに敏感で、オリジナリティのある発想がどんどんわいてくるので、アイデアマンとして周りから尊敬を集めるでしょう。

リーダーシップも抜群のため、周りのみんなを率いて先頭に立つ場面も多そうです。ただし気をつけたいのは、そのスピード感が速すぎて、時にほかの人が置いてきぼりになっていること。周りへの配慮が足りないと、自分だけが先走り過ぎて、ひとりぼっちになってしまう可能性も。前に進むだけでなく、時には後ろを振り返り、周囲を気遣うことで、理想のリーダーとなれるでしょう。

お守りナンバーを「暗証番号」にして開運！

男性の

柔軟性を身につけて、頼れるリーダーに！

たとえばこんな組み合わせに！

1	1	1	2

0	0	5	0	0

4	1	0	0	0	0

…etc.

女性の

気持ちの先走りや勘違いを防ぐ

たとえばこんな組み合わせに！

6	1	0	1

2	4	1	1	0

5	0	0	3	0	0

…etc.

お守りナンバーをスマホ待ち受けにして開運！

男性は画面の 南 に 5 を置く

抜群の行動力で、何事も先陣を切って進めていくのが１の長所ですが、時に、その速さについていけない人もいます。バランス感覚や協調性を養う「５」を南の方角へ置いておきましょう。周囲とペースを合わせる柔軟性が身につき、頼れるリーダーに。

女性は画面の 東 に 8 を置く

スピード感というすばらしい長所を持っている１ですが、気持ちが先走りすぎて勘違いしたり、大事なものを見逃してしまうことも。堅実さをもたらす「８」を東の方角へ置くと、コツコツと物事を積み上げる根気を身につけられ、周囲の信頼を得られます。

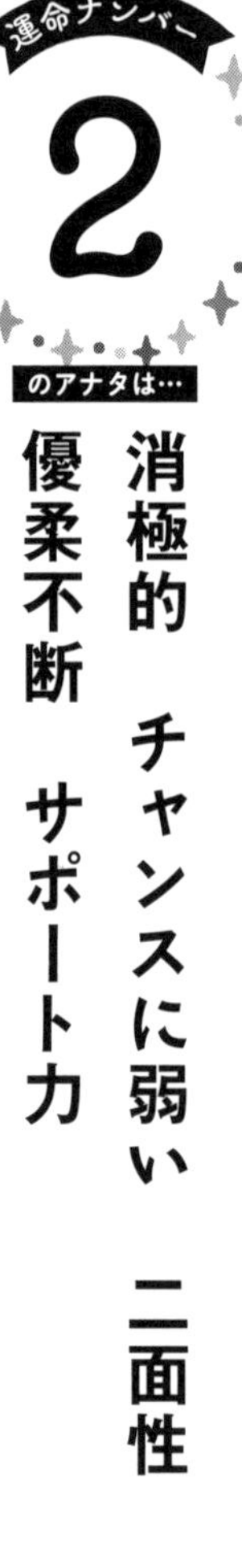

消極的な性格のせいで、せっかくのチャンスを逃しがちな「2」。自分の意見をはっきり周囲に示さないために、ほかの人においしいところを持っていかれる場合もしばしば。一見おとなしいように見えて、実は二面性があるのも「2」の特徴です。たとえ表に出さなくても、心の中では好き嫌いがはっきり分かれていて、嫌いなものは受け付けようとしない頑なさもあります。

自分に自信が持てないタイプの「2」ですが、ほかの人を手伝ったり、助けたりするのは得意。信頼できる相手なら、その性質を活かしてどんどんサポート側に回りましょう。そうすれば、相手の信頼も得られるようになるはず。頑張りが認められることで少しずつ自信もつき、不足していた行動力も徐々に上がっていくでしょう。

お守りナンバーを「暗証番号」にして開運！

男性の

積極的に物事に取り組めるように

女性の

エネルギッシュに進む力をくれる

たとえばこんな組み合わせに！

0	0	0	1

0	1	0	0	0

1	0	0	0	0	0

…etc.

お守りナンバーをスマホ待ち受けにして開運！

男性は画面の東に29を置く

弱気な性格を改善するには、「29」のお守りナンバーを活用。カリスマ性や強気で臨む力を与えてくれるでしょう。東にこの数字を置くことで、前向きに物事に取り組む力が高まります。自信がつけば、消極性も堅実さという長所として認めてもらえます。

女性は画面の北西に1を置く

自信がなくて最初の一歩を踏み出せない……という2に勇気をくれるお守りナンバー「1」。北西の方角へ置いておくと、消極性を取り払い、エネルギッシュに前進する力を授けてくれます。強いパワーでマイナス面をフォロー。バランスの取れた内面に。

無邪気　笑顔　好奇心旺盛
童心　愛されキャラ　若々しさ

「3」のあなたはいつも笑顔で元気いっぱい。子どものような無邪気さで、周りを明るい雰囲気で包んでくれます。興味の幅が広くてフットワークも軽く、どんな場所に行ってもすぐに溶け込んでしまいます。大人になってもずっと子どものような好奇心を持ち続けているため、いつまでも若々しいのも特徴。誰からも愛されるキャラクターとしてのポジションを確立していけるでしょう。おもしろいこと、おいしい話をかぎつける直感にも優れていて、次々にチャンスをつかむ人も多そうです。

ただし堅実さに欠けるため、せっかくのチャンスも途中で計画倒れのままに終わってしまうことも。いたずら好きが裏目に出て、周りに迷惑をかけたり、トラブルを招いたりしないように注意が必要です。

お守りナンバーを「暗証番号」にして開運！

男性の

はしゃぎすぎが原因の失敗を防いでくれる

たとえばこんな組み合わせに！

1115

00800

350000

…etc.

女性の

周囲のサポートや人望を得られるように

たとえばこんな組み合わせに！

2229

00906

111633

…etc.

お守りナンバーをスマホ待ち受けにして開運！

男性は画面の北西に 8 を置く

いつも賑やかで、みんなを楽しませてくれる3ですが、いきすぎると反感を買うことも。そんな失敗を防いでくれるのが、辛抱強さを与えてくれる「8」です。北西に置くとまじめに頑張るエネルギーを補ってくれるため、失態もなくなり、周りとの関係も円満に。

女性は画面の東南に 15 を置く

自分の好きなことだけに夢中になり、ほかのことには関心を示さない3。「15」を東南の方角へ置いてみましょう。この数字は周囲のサポートをもたらしてくれるため、人気がグンとアップ。冷静さも身につき、度が過ぎることもなくなるでしょう。

運命ナンバー

4

のアナタは…

他力本願　依存的　短気
孤独　甘え　破壊

「4」は主体的な行動が苦手。自分で判断することがなく、なんでも人に頼ってしまいがちなため、なかなか自立できません。消極的なせいで周囲から軽んじられて、損な役回りを押しつけられることも多いタイプです。人に甘えてばかりなせいで、友人や恋人とも不仲になりがち。恋愛でも積極的になれず、なかなかチャンスをつかめません。孤独な人生を歩む恐れもあります。

また、人に依存するわりに気が短いのも、この数字の特徴。心の中にマイナスのエネルギーをため込んで、人間関係や進行中の計画など、ありとあらゆる大切なものを破壊してしまうことも。人に依存し、その相手に冷たくされ、怒りをため込んで……という負の連鎖を断ち切るには、自分の力で立つ意志が必要です。

お守りナンバーを「暗証番号」にして開運！

男性のお守りナンバー

自分で未来を切り開く力をつけて

たとえばこんな組み合わせに！

…etc.

女性のお守りナンバー

明るいオーラで人間関係を円滑に

たとえばこんな組み合わせに！

0003

10002

030000

…etc.

お守りナンバーをスマホ待ち受けにして開運！

男性は画面の東北に 8 を置く

自立心が足りない4をサポートするのは、根気や我慢強さを培う「8」の数字。北東の方角に置くことで、行動力や積極性を高めることができます。まずは主体性のなさを自覚すること。「自分の力で道を切り開いていこう」という意志を持つことが大切です。

女性は画面の北に 3 を置く

心にたまった負のエネルギーが、表情や行動にも出てしまう4。お守りナンバーの「3」でやる気や元気を身につけましょう。北の方角へ置くことで、明るく健康的な雰囲気を身にまとうことができます。自然な明るさが身につけば、周囲との関係性も良い方向へ。

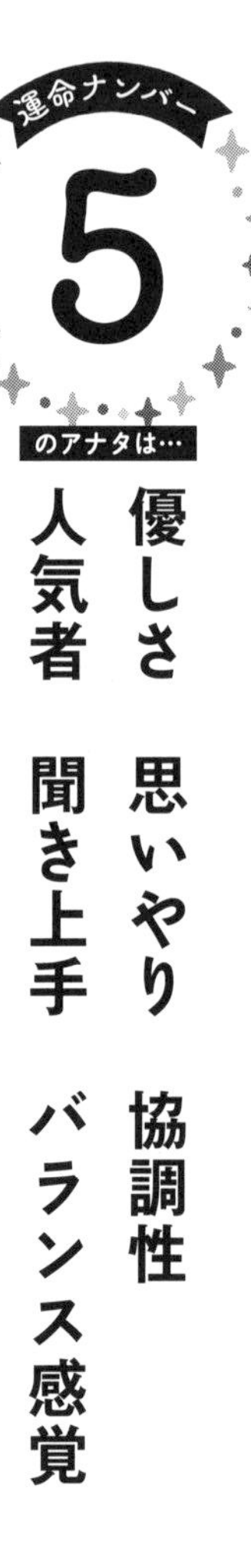

誰からも愛される力を持つラッキーナンバーの「5」。人を思いやる優しさと協調性にあふれているあなたは、どこへ行ってもあっという間に人気者に。大勢の仲間に恵まれ、人望を得られるでしょう。聞き上手で面倒見の良いあなたに、相談や頼み事を持ちかけてくる人も多いはず。バランス感覚が優れている上、行動力も高いので、大きなチャンスをつかむ可能性も十分にあります。職場や学校ではサブリーダー的なポジションで活躍するでしょう。

ただし、相手に気を遣いすぎるあまり、言うべきことを言えずに飲み込んでしまうことも。本音をガマンしていると、後で自分自身が辛くなってしまいます。時にはハッキリと「イヤなものはイヤ」と断る勇気を持ちましょう。

お守りナンバーを「暗証番号」にして開運！

男性の

自己嫌悪から解放してくれる

たとえばこんな組み合わせに！

…etc.

女性の

ありのままの自分を出せるように

たとえばこんな組み合わせに！

0007

30004

610000

…etc.

お守りナンバーをスマホ待ち受けにして開運！

男性は画面の中心に16を置く

相手の立場を考えすぎて、物事をハッキリと指摘したり、相手に厳しくできないあなたには、「16」の数字が最適。待ち受けにして中心へ置いておきましょう。自己嫌悪に陥ったり、本音が言えないストレスがたまったりしたときも、強い信念を授けてくれます。

女性は画面の南に7を置く

誰にでも優しく、ふんわりとした穏やかな雰囲気のあなた。でも、いつも聞き役や相手に与える側にばかり回っていると、心が疲れてしまいます。そんなときは個性や主張する力を高める「7」を南に置いてみて。ありのままの自分を出せ、本来の心を取り戻せます。

運命ナンバー

6

のアナタは…

神仏のご加護　第六感　夢見がち
浮き世離れ　強運　独自のセンス

高い理想を持ち、それに向かって突き進もうとする「6」。公私で成功を収めたいという気持ちも人一倍強いタイプです。先祖や神仏など目に見えないものから守られる力が強いのも、この数字の特徴。第六感も冴えているので、思いがけないチャンスに恵まれたり、重大なピンチを乗り切ったりする不思議な力もあります。スピリチュアルなテーマへの関心も強く、〝浮き世離れした人〟というイメージを持たれやすいでしょう。流行にはあまり関心がなく、わが道を行くタイプです。

ただし、独特なあなたのキャラクターは、一般社会では浮いてしまうことも。ひとりよがりな態度で周囲をしらけさせてしまう場面も多そうです。自分を客観視することで、周囲とうまくやっていけるでしょう。

お守りナンバーを「暗証番号」にして開運！

男性の

社交性を高めて地に足をつけて

たとえばこんな組み合わせに！

9	9	0	7

8	8	8	0	1

6	6	6	3	4	0

…etc.

女性の

変わり者から愛されキャラに

たとえばこんな組み合わせに！

0	0	1	2

0	0	0	0	3

3	0	0	0	0	0

…etc.

お守りナンバーをスマホ待ち受けにして開運！

男性は画面の 南 に 25 を置く

　スピリチュアルなパワーが強く、不思議な直感力も高い6。ただし世の中と足並みを揃えていくには、社会性や社交性も必要です。ルールや常識を重んじるお守りナンバーの「25」を南の方角に置いて、地に足をつけた生き方を。自分自身もラクになれます。

女性は画面の 西 に 3 を置く

　ミステリアスな魅力を放つ6ですが、反面、変わり者としてレッテルを貼られることも多いのでは。「取っつきにくい人」と思われないようにするには、「3」を西の方角に。老若男女からマスコット的にかわいがられるようになり、孤立する場面も減ります。

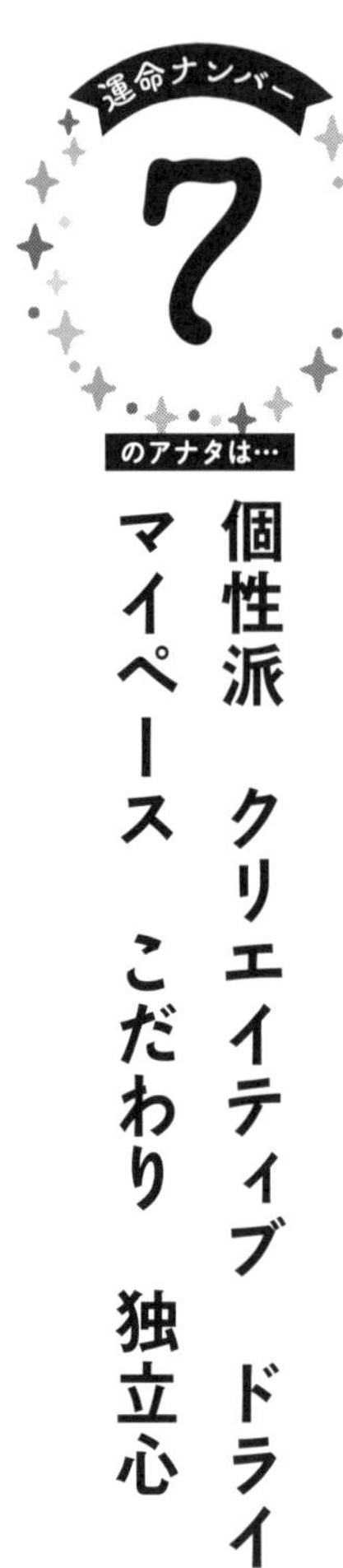

クリエイティブな才能を持ち、抜群のセンスや感性で活躍する「7」。人と同じことや平凡なことが嫌いで、オリジナリティが何よりも重要。強いこだわりで独自の道を行く個性派です。目標に向かって進むエネルギーに加え、地道に努力する根気強さや、困難にもめげないタフな精神力、チャンスを逃さない判断力など、夢を叶えるための能力はひと通り備えています。独創的なアイデアで人気を集め、大きな成功をつかむ可能性も。

一方で、お金や恋愛にはあまり執着しない一面も。自分の世界を守ることが最優先なので、人間関係にもドライで、「去る者は追わず」といった考えを持っています。マイペースなあなたを煙たがる人もいるかもしれませんが、気にせずわが道を突き進んで。

お守りナンバーを「暗証番号」にして開運！

男性のお守りナンバー

温和さを身につけてより完璧な自分に

たとえばこんな組み合わせに！

0551

60023

500006

…etc.

女性のお守りナンバー

モテ力を発揮してカリスマ的存在に

たとえばこんな組み合わせに！

9924

88800

090708

…etc.

お守りナンバーをスマホ待ち受けにして開運！

男性は画面の北西に 11 を置く

夢を叶えるためには、不要なものや邪魔になるものを切り捨てるクールなあなたですが、周りとうまくやるにはもう少し温和さを身につけたほうがベター。誠実さを得られる「11」のお守りナンバーを北西の方角へ置いて。人望が得られれば、最強の存在です。

女性は画面の中心に 24 を置く

鋭い視点やインスピレーションを発揮して、みんなに一目置かれる7。女子力を身につけるお守りナンバーの「24」を中心へ置くと、チャームポイントを引き立ててくれます。人間的な魅力が増すことで、より高いステージのカリスマ的存在となれるでしょう。

地道にコツコツ頑張ることが得意な「8」。何事も決してあきらめず、ひたむきな努力で着実に前に進んでいくことができます。精神力と体力をバランス良く兼ね備えているので、険しい道のりや地味な作業も最後までやり遂げ、見事に目標を達成できるはず。その粘り強さで、最終的にはライバルにも差をつけることができるでしょう。人格にも優れ、誠意を持って人と接するため、仕事でもプライベートでも円満な人間関係を築くことができます。安定した穏やかな生活を実現できる人です。

注意したいのは、まじめさが裏目に出て、無愛想な人と思われてしまうこと。第一印象で損をしないよう、人前では笑顔で明るくふるまうように意識してみましょう。華やかな小物を身に着けるのもオススメです。

お守りナンバーを「暗証番号」にして開運！

男性の

スピーディーに目標を達成できる

たとえばこんな組み合わせに！

9	7	0	7

5	6	6	6	0

0	0	9	9	2	3

…etc.

女性の

柔らかな笑顔で交渉をスムーズに

たとえばこんな組み合わせに！

6	6	0	1

9	0	0	0	4

6	7	0	0	0	0

…etc.

お守りナンバーをスマホ待ち受けにして開運！

男性は画面の東に23を置く

目標に向かってコツコツ計画的に努力を重ねる８ですが、その歩みはどちらかというとスロー。「23」を東の方角へ置くことで、目標を達成するまでのスピードを速めてくれます。非凡な発想力が高まり、あなたの頑張りに一目置いてくれる人も増えるでしょう。

女性は画面の東北に13を置く

まじめすぎて頭でっかちなところもあるあなた。みんなに親しみを持ってもらえるよう、柔らかく自然な笑顔を出せるようになる「13」を北東の方角に置いて。第一印象が良くなり、交渉事もスムーズに。周りの協力を得て、やりたいことを達成しやすくなります。

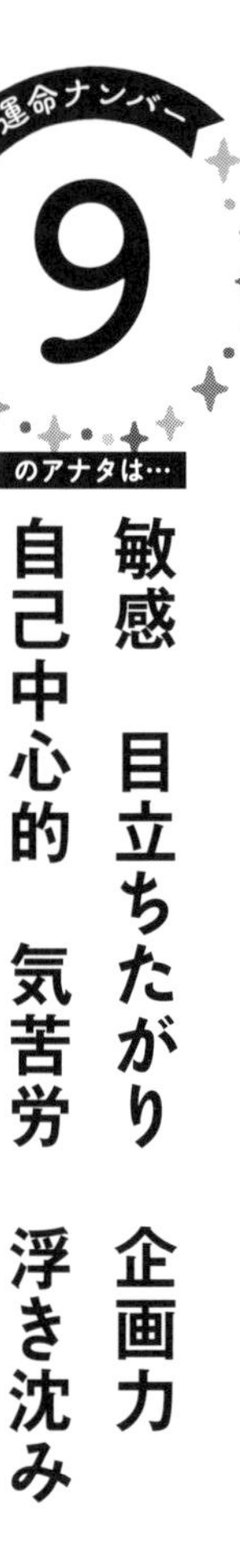

敏感　目立ちたがり　企画力
自己中心的　気苦労　浮き沈み

ユニークな企画や発想を生み出す「9」。目立ちたがりで、みんなに注目されることに快感を覚える性格です。直感が鋭く、多くのアイデアを生み出しますが、とらえ方が独特すぎて、周りは理解できないことも。実社会で受け入れてもらうには、インスピレーションに頼るよりも、しっかり検討を重ねて生み出した企画のほうが良いでしょう。リーダー的な気質も持ち、グループを仕切るのも得意。芸能、芸術の分野に進むことで、こうした長所を活かすことができます。

ただし、仕切りたがり屋の性質が出すぎて、自己中心的なふるまいをしてしまうことも。人前で失敗して落ち込むなど、気持ちの浮き沈みも大きいタイプです。豪快に見えてもデリケートな「9」ですから、心が疲れたときは自分自身のケアを。

お守りナンバーを「暗証番号」にして開運！

男性の

**周囲の支持を集めて
人間関係をスムーズに**

たとえばこんな組み合わせに！

…etc.

女性の

**落ち着きを身につけ
安定して能力を発揮**

たとえばこんな組み合わせに！

7774

99700

012985

…etc.

お守りナンバーをスマホ待ち受けにして開運！

男性は画面の 西 に 15 を置く

自己中心的な言動で、周囲との間にトラブルを生みがちなあなた。コミュニケーション力を強化して、他人とうまくやっていくには、老若男女から支持を集められる「15」を西の方角に置きます。暴走がなくなれば、人間関係に悩まされることもなくなるはず。

女性は画面の 南 に 25 を置く

鋭敏な直感力を持つ9ですが、その能力は運気や気分に左右されやすく、やや不安定。落ち着きをもたらす「25」を南の方角へ置くことで、集中力も上がり、安定して能力を発揮できるようになります。出すアイデアの質もぐんと高まり、チャンスをつかめます。

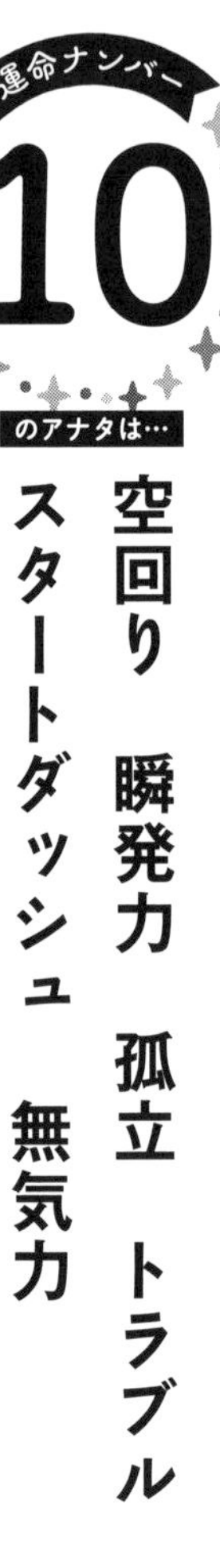

よかれと思ってしたことも裏目に出てしまう「10」のあなた。やることすべてが空回りするせいで、モチベーションを保つことができません。トラブルが続いて無気力になり、人間関係も悪化。孤立してさらにやる気がなくなってしまう……という負の連鎖に陥ってしまいます。金運にも恵まれず、予期せぬ出費が多いのも悩みどころ。当てにしていた仕事が中止になり、やりくりに困るような事態も起きそうです。

無気力になり、自発的に物事に取り組めない「10」ですが、指示されたことを忠実にこなすのは得意。特にスタート時の瞬発力はピカイチなので、切り込み隊長として活躍できそう。新しいプロジェクトの立ち上げなど、物事が動き出すタイミングが頑張りどきです。そうしたチャンスを逃さないようにすると◎。

お守りナンバーを「暗証番号」にして開運！

行動力や気力をアップする数字を

たとえばこんな組み合わせに！

…etc.

落ち着いて物事に取り組めるように

たとえばこんな組み合わせに！

9	9	9	8

9	9	9	0	8

8	8	8	9	0	2

…etc.

お守りナンバーをスマホ待ち受けにして開運！

男性は画面の東南に 3 を置く

もっと真剣に物事に取り組みたいと思っていても、なかなか気力が続かないあなた。行動力ややる気がわいてくる「3」の数字を東南の方角へ置きましょう。幅広い物事に興味が湧いてきてフットワークが上がり、何事にも熱心に取り組めるようになるでしょう。

女性は画面の東南に 35 を置く

やる気がない人とレッテルを貼られて、悔しい思いをすることの多いあなたは、「35」を東南の方角へ置いてみて。まじめに物事に取り組めるようになり、結果を出すことができます。誠実な姿勢を周囲が認めてくれるようになれば、おのずと人間関係も良好に。

運命ナンバー

11

のアナタは…

ピュア　素直　天の恵み　先見性
知性　回転が速い　話題が豊富

心に曇りがなく、子どものようにピュアな性格。天の恵みを受けて、大きな幸運をつかむのが「11」。裏表がない性格で、誰に対しても誠実で素直に接するその態度は、多くの人を魅了します。トレンドにも敏感で話題豊富なあなたは、いつも輪の中心。賑やかな雰囲気に包まれて充実した人間関係を築くことができます。知性や先見性にも優れており、運任せにするだけでなく、自分自身の力で人生を切り開く力も持っています。

シンプルでスマートな「11」ですが、先を急ぎすぎる傾向があるため、「せっかちな人」と思われてしまう場合も。素直な人柄を利用しようとして近づいてくる人もいるため、だまされないように注意。頭から人を疑う必要はありませんが、怪しい人には近づかないでおきましょう。

お守りナンバーを「暗証番号」にして開運！

男性の

行動力や気力をアップする数字を

たとえばこんな組み合わせに！

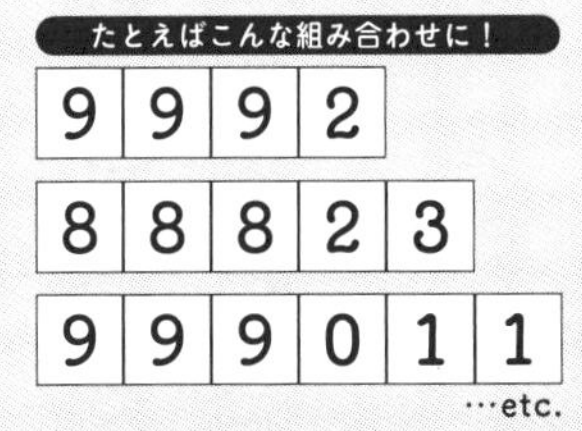

…etc.

女性の

落ち着いて物事に取り組めるように

たとえばこんな組み合わせに！

9995

90995

876560

…etc.

お守りナンバーをスマホ待ち受けにして開運！

男性は画面の東北に 29 を置く

嘘がつけず、誰にでもオープンマインドで接するのは 11 の長所ですが、無防備すぎて危険な目に遭う可能性も。勘を研ぎ澄ませる能力を身につける「29」のお守りナンバーを北東の方角に置いておきましょう。第六感が働き、トラブルを未然に回避できます。

女性は画面の南に 32 を置く

みんなが驚くほどピュアな 11 だけに、危険な人物や物事が近寄ってくることも。幸運を呼び込み、良い縁を引き寄せる「32」を南の方角に置いてみましょう。自然に危険が離れて、さらなる発展が望めます。ドラマティックな出会いも期待できますよ。

トラブル　家族との不仲　不安定
努力家　不器用　自己犠牲

人一倍努力しているにもかかわらず、なぜか成果に結びつかず、空回りしてしまう「12」。予想外のトラブルが起こったり、急な予定変更が起こったりして、歯車が狂いがちです。優先順位や段取りを間違えるなど、あまり要領が良くないことも、うまくいかない原因かもしれません。努力が報われないせいで自暴自棄になり、周りとの関係も悪化。協調性やコミュニケーション力も低下してしまいます。

アンラッキーな出来事が続く中でも、家族のことはいつも大事にし、気にかけるタイプ。何かあればすぐに駆けつけ、自分を犠牲にしても懸命にサポートします。しかし、そのせいで仕事に穴を開けたり、チャンスを逃してしまうことも多々。苦労が絶えない日々が続きますが、粘り強く立ち向かっていくことが大切です。

お守りナンバーを「暗証番号」にして開運！

男性の

仲間やツキに助けられるように

たとえばこんな組み合わせに！

9	9	9	4		
9	4	4	5	9	
6	6	6	6	2	5

…etc.

女性の

優しさを育み心を癒やして

たとえばこんな組み合わせに！

0	0	0	5		
2	3	0	0	0	
1	4	0	0	0	0

…etc.

お守りナンバーをスマホ待ち受けにして開運！

男性は画面の南西に31を置く

たび重なるトラブルで、ヤケになりがちな12。もともと協調性が乏しいこともあって、人間関係もギクシャクしがちです。仲間やツキに恵まれる「31」を南西に置いて、幸運を呼び込みましょう。対人トラブルも解決に向かい、心休まる環境で過ごせるように。

女性は画面の東北に5を置く

努力が報われなかったり、家族に足を引っ張られたりして、落ち込む日々を過ごしている12は、「5」を北東の方向へ置いてみて。人に恵まれるようになり、自分自身の心にも優しさが育まれます。周囲のサポートが得られれば、トラブルも減少するはず。

運命ナンバー

13

のアナタは…

人気者　親しみやすい　笑顔　主役
決断力　キュート　ムードメーカー

ノリの良いトークと親しみやすいキャラクター、抜群の存在感で、芸能人のような人気を獲得する「13」。グループの中でも、元気なムードメーカーとして活躍します。決断力にも優れており、絶好のチャンスをつかむことができそう。おっちょこちょいな一面もありますが、そんな部分も憎めないキャラとして受け入れてもらえるはず。健康にも恵まれていて、年齢を重ねても変わらず魅力を発揮でき、老若男女から幅広く支持を集めるでしょう。

人見知りせず、誰とでもすぐに親しくなれますが、ちょっぴり空気が読めないのが難点。ハイテンションでみんなを驚かせるような言動をしてしまうこともあります。それでも嫌われたり、悪口を言われたりすることのない、得なキャラクターです。

お守りナンバーを「暗証番号」にして開運！

女性の お守りナンバー **8**

シリアスな場に適したまじめさを

たとえばこんな組み合わせに！

9	9	0	7		
8	8	8	0	1	
7	0	7	3	4	4

…etc.

大人にふさわしい落ち着いた雰囲気に

たとえばこんな組み合わせに！

0	0	0	8		
2	6	0	0	0	
4	4	0	0	0	0

…etc.

お守りナンバーをスマホ待ち受けにして開運！

男性は画面の 東 に 25 を置く

お茶目なキャラクターで常にハイテンションな13。でも時に浮いてしまう可能性も。「チャラチャラした人」と眉をひそめられてソンをしないためにも、「25」のお守りナンバーを東の方角へ置いておきましょう。まじめさが身につき、落ち着きが手に入ります。

女性は画面の 東南 に 8 を置く

キュートな魅力で周囲を明るくしてくれる13ですが、空気を読む必要があるシーンにはそぐわないことも。場にふさわしいふるまいができるように、「8」を東南に置いて。落ち着いた雰囲気を演出してくれて、目上の人と会うときもスムーズに乗り切れます。

運命ナンバー

14

のアナタは…

金銭トラブル　不平不満　グチ
ネガティブ　マイナス思考　破壊

金銭トラブルに悩まされる「14」。頑張って働いて貯めようとしても予期せぬ出費が続き、手元にまとまったお金が残りません。人にだまされて、お金を失うこともありそうです。こうしたトラブルがなくても、イライラしやすく、常に不平不満を抱えている状態。自分の現状に納得がいかず、怒りの感情が心に渦巻いています。いつもグチばかりのあなたに、周囲はうんざりしているかも。同じようなマイナス思考の人で集まってしまい、余計ネガティブなムードから抜け出せなくなってしまいます。

さらに特徴的なのは、物事を破壊するとてつもないパワーを秘めていること。行き詰まった空気をガラリと変えたり、邪魔者を追い払ったりと、良い方向にそのエネルギーが発揮できれば、周りからも感謝されるかも。

お守りナンバーを「暗証番号」にして開運！

男性の

金銭トラブルを回避し上昇気流へ

たとえばこんな組み合わせに！

…etc.

女性の

財力アップに加え玉の輿の可能性も

たとえばこんな組み合わせに！

0996

77730

008880

…etc.

お守りナンバーをスマホ待ち受けにして開運！

男性は画面の 北西 に 21 を置く

最大の悩みとも言える金銭トラブルを回避することで、あなたの毎日はグンとラクになるはず。自信がみなぎり、生活力が身につく「21」を北西の方角に置くことで、金運アップをサポートしてくれます。まずはお金の問題を解決しプラスの連鎖を引き寄せましょう。

女性は画面の 西 に 24 を置く

まず解決したいのは、お金に関するトラブル。自分自身の財力に加えて、玉の輿にのる可能性も引き寄せてくれる「24」を西の方角に置いて、金運アップを。お守りナンバーの力を信じて、不平不満の爆発を抑えることで、〝お金に好かれる人〟に近づけます。

運命ナンバー

15

のアナタは…

人気者　人脈　絶好調
家庭運　金運　パーフェクト

何をやっても絶好調という、パーフェクトな特徴を持つ「15」。人間的な魅力にあふれ、あらゆる運と人気をものにできるラッキーナンバーです。人格も優れており、情に厚く面倒見が良いため、人間関係も充実するでしょう。恋愛面も好調で、どこに行ってもモテモテ。有力な人物から引き立てられたり、周囲のサポートを得られるなど、仕事も申し分ありません。理想のポジションを得るまでの道のりもスムーズです。プライベートでは家族との時間を大切にし、夫婦関係や家族関係も極めて良好。思いやりにあふれた家庭で、末永くハッピーな生活を送ることができるでしょう。

いろいろな幸せを手にするあなたですが、不思議とねたまれたり、恨まれたりする心配はなし。人気者として、不動の立ち位置を築くでしょう。

お守りナンバーを「暗証番号」にして開運！

男性のお守りナンバー

金運のサポートでさらに強運に

たとえばこんな組み合わせに！

| 0 | 7 | 8 | 9 |

| 9 | 9 | 0 | 0 | 6 |

| 0 | 0 | 9 | 9 | 3 | 3 |

…etc.

女性のお守りナンバー

幸せな結婚へと導いてくれる

たとえばこんな組み合わせに！

| 9 | 9 | 9 | 4 |

| 0 | 9 | 9 | 9 | 4 |

| 8 | 8 | 8 | 3 | 4 | 0 |

…etc.

お守りナンバーをスマホ待ち受けにして開運！

男性は画面の南西に24を置く

　すでに誰もがうらやむ強い幸運を手にしているあなたを守ってくれるのは、同じくらいの強運を持つ「24」の数字です。南西の方角に置くことで、大金を手にする力と、無から有を生み出す力が。強力なエネルギーがみなぎり、物事に打ち込めるでしょう。

女性は画面の北西に31を置く

　活力に満ち、プラスのエネルギーを周囲に与えているあなた。より素晴らしい人生を手に入れるためには、「31」を北西の方角へ置くと良いでしょう。健康運や金運が高まり、幸せな結婚へと導いてくれます。さまざまなツキに恵まれ、オンもオフも順風満帆に。

運命ナンバー

16

のアナタは…

正義感　組織のリーダー　親分肌
義理人情　頑固　有言実行

親分肌の頼もしいリーダーとして、みんなに頼りにされる「16」。組織のトップとして大勢をまとめて、その場にふさわしいルールを決めるのが得意です。困った人を見ると放っておけない親分肌&姉御肌もあなたの長所。義理人情に厚く、面倒見の良さはピカイチですが、裏切り行為や恩知らずは絶対に許さない頑なところも。好き嫌いがハッキリしていて、一度決めたことにはまっしぐら。目標を必ず叶える有言実行の人です。スピリチュアルな力にも守られていて、奇跡的にピンチから抜け出せたり、思わぬラッキーチャンスが訪れたりと、ツキにも恵まれています。

上下関係やマナーに厳しすぎるせいで、融通の利かない人と思われることもしばしば。冗談が通じにくい、堅物な一面もあります。

お守りナンバーを「暗証番号」にして開運！

男性の

愛され力を高めましょう

たとえばこんな組み合わせに！

0	0	0	3		
1	1	1	0	0	
1	0	0	0	0	2

…etc.

女性の

人望を集めて完璧なリーダーに

たとえばこんな組み合わせに！

6	6	0	1		
5	5	0	3	0	
9	0	0	0	0	4

…etc.

お守りナンバーをスマホ待ち受けにして開運！

男性は画面の中心に3を置く

正義感の強さから、しばしば厳しすぎる印象を周りに与えてしまう16。後輩や部下から怖がられているかも。明るい笑顔や、愛され力を高める「3」を中心に置いておきましょう。アクティブで若々しいイメージがついて、サポートも得やすくなります。

女性は画面の南に13を置く

頼れるリーダータイプですが、男勝りな性格で周りが引いてしまうことも。明るさや話しやすさを与えてくれる「13」の数字を待ち受けにして南の方角へ置くことで、人望が高まります。厳しく接するだけでなく、相手の失敗を許してあげる寛容さも身につけて。

スター性　独立心　美意識
努力家　自己プロデュース　健康

抜群の存在感を持ち、スターとなるべくして生まれた「17」。どこに行っても周りの注目を集め、キラキラした華やかな生活を送れます。自己プロデュース力に優れ、どうふるまえば、自分のチャームポイントを活かせるかを十分に心得ています。特に人前に出る仕事を選べば、魅力がより輝くでしょう。

目標を叶えるためなら、たとえ周囲が反対しても頑張ることのできる努力家。独立心が強いため何事も人任せにせず、自分自身の手でチャンスをつかみ取ります。健康にも恵まれており、アクセル全開で目標に向かって突き進めるでしょう。

とはいえ、実力が発揮できるのは明確なゴールがあってこそ。目標をあいまいにせず、しっかり定めることで、大きな成功が手に入るでしょう。

お守りナンバーを「暗証番号」にして開運！

男性の

スターの地位を盤石にしてくれる

たとえばこんな組み合わせに！

9	9	9	6

8	8	8	8	1

0	4	2	9	9	9

…etc.

女性の

人望を集めて完璧なリーダーに

たとえばこんな組み合わせに！

9	9	9	5

8	8	8	8	0

0	3	2	9	9	9

…etc.

お守りナンバーをスマホ待ち受けにして開運！

男性は画面の 南 に 33 を置く

選ばれた人だけが上がれる特別なステージで輝くあなた。華のある存在であり続けるには、個性を高めてダイナミックな人生へと導く「33」を南の方角へ置くのがおすすめ。さらに注目を集め、手厚いサポートを受けられ、大きな成功をつかみ取ることも可能に。

女性は画面の 東 に 32 を置く

あなたの輝きをサポートしてくれるのが、チャンスや良縁、金運をアップしてくれる「32」。東の方角へ置いておくと、絶好のチャンスが次々に舞い込んできます。少し弱気になったときや、目標がなかなか定まらないときも強い味方になってくれるでしょう。

運命ナンバー

18

のアナタは…

強気　タフ　生命力　頑張り屋
マイペース　頑固　家族愛

生命力にあふれ、やりたいことをエネルギッシュにこなしていく「18」。精神的にも肉体的にもタフで、困難にもめげずチャンスをものにしていきます。決断力にも優れ、気が強くて怖いもの知らず。多少のピンチやトラブルにも臆することなく、着々と歩みを進めていきます。とはいえ危険な冒険はせず、石橋を叩きながら慎重に物事を進めていくタイプです。家族を想い、身内を守るためなら努力を惜しまず働きます。その結果、家族からの愛情やサポートにも恵まれるでしょう。

いつも慌てずどっしり構えていますが、我が強く、人の意見を聞き入れない頑固さがあるのが玉にキズ。時には人の話にも耳を傾ける柔軟さを持つようにしてください。それが結果的に、周りの人を助けることにもつながります。

お守りナンバーを「暗証番号」にして開運！

男性の

明るい会話力で人望を集める

たとえばこんな組み合わせに！

0067

51430

800230

…etc.

女性の

親しみやすさを身につけて

たとえばこんな組み合わせに！

0267

21192

082230

…etc.

お守りナンバーをスマホ待ち受けにして開運！

男性は画面の東北に 13 を置く

人の意見やアドバイスを頭からはねつけて、反感を買うことが多いのでは？　人望を集めるためにも、ノリの良い会話で周囲を明るくする「13」を北東の方角へ置きましょう。柔軟性や人当たりの良さを身につければ人間関係が良い方向へ変わっていくはずです。

女性は画面の北に 15 を置く

家族をこよなく愛する18ですが、赤の他人に対しては少し無愛想すぎるかも。人間的な魅力が高まり、人当たりを良くする「15」を北の方角へ置いて。親しみやすさが生まれ、周囲の理解や協力を得やすくなります。物事がスムーズに運ぶようになりますよ。

気分屋　魔性　波瀾万丈　直感力
恋愛トラブル　お酒のトラブル

気持ちのアップダウンが激しい気分屋の「19」。何事にも熱しやすく冷めやすい性格のため、物事が長続きせず、生活が安定しません。直感が優れているため、チャンスをつかむ可能性もありますが、生来の飽きっぽさによって、一時的な成功に終わってしまいそう。特にトラブルに巻き込まれやすいのが、恋愛関係。三角関係で揉めたり、お金目的の相手にだまされたりといった目にも遭いがちです。さらに、お酒の席でのトラブルにも注意が必要。酔っ払って周りに迷惑をかけたり、事件を起こしてしまったりと、何かと波乱を呼んでしまいます。

お酒や異性に振り回されやすい人生ですが、ある意味では色気たっぷりの魔性キャラ。自分自身をしっかりコントロールできれば、ひと花咲かせることもできるはずです。

お守りナンバーを「暗証番号」にして開運！

男性の

トラブル時も冷静に対処できるように

たとえばこんな組み合わせに！

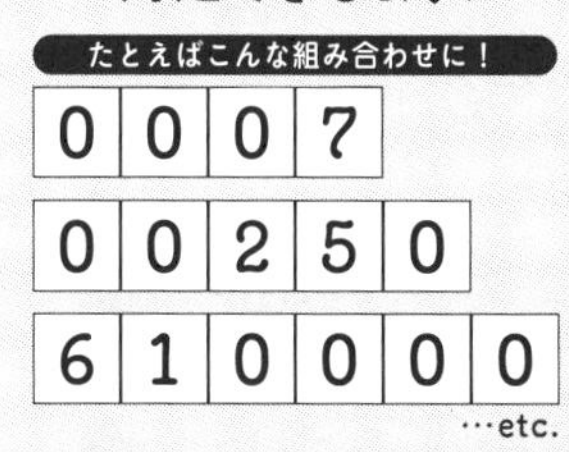

…etc.

女性の

まじめさを補い心を安定に導く

たとえばこんな組み合わせに！

9	9	0	0

8	0	5	5	0

0	0	3	4	5	6

…etc.

お守りナンバーをスマホ待ち受けにして開運！

男性は画面の北に7を置く

お酒と異性に振り回されがちな19は、強い意志を与えてくれる「7」の数字が助けに。北の方角へ置くことで、頭に血が上ったときも冷静さを取り戻すことができます。ひと呼吸置いて、じっくりと根気よく物事に取り組めれば深刻なトラブルは回避できます。

女性は画面の北西に18を置く

トラブルの原因は、浮き沈みの激しい性格や気まぐれな言動。「18」が、コツコツと努力するまじめさを補ってくれます。北西の方角へ置けば、恋愛面でも安定をもたらしてくれます。心の安らぎを得られることで、ひとつのことに打ち込む気力が芽生えますよ。

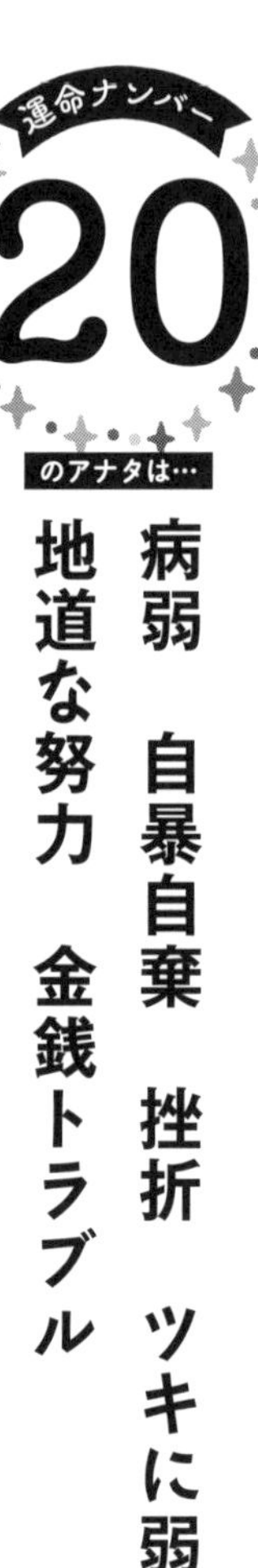

病弱　自暴自棄　挫折　ツキに弱い
地道な努力　金銭トラブル

体調不良に悩まされる「20」。体力がなく病弱なせいで、ここぞという場面で粘ることができず、せっかくのチャンスを棒に振ってしまいそう。本当は能力があるのに、大事な本番前にけがや病気をしてしまって、実力を十分に発揮できません。

金運にも恵まれず、無計画にお金を使ってしまったり、ひったくりや詐欺にあったりと、何かと損をするタイプ。次々にトラブルに襲われて自暴自棄になり、精神的にも安定しません。恋愛でも不健康なタイプや幸の薄い人に惹かれやすい傾向があり、本人の意志と裏腹に深刻なトラブルに巻き込まれます。

不調を打開するには、体と心のケアをしっかり行うこと。地道にコツコツ取り組むことは得意なので、健康管理にさえ気をつければ、確実に前に進むことができます。

お守りナンバーを「暗証番号」にして開運！

男性の

体力とツキを自分のモノにして

たとえばこんな組み合わせに！

…etc.

女性の

数字の力に加えて運動＆食生活の改善を

たとえばこんな組み合わせに！

9800

34514

077003

…etc.

お守りナンバーをスマホ待ち受けにして開運！

男性は画面の東に32を置く

アンラッキーな人生を開運に導くには、「32」をお守りにしチャンスを呼び込みましょう。金運が上がり、良いご縁も舞い込んできます。東の方角に置いて、やる気や積極性を自分のモノにすることで、チャンスをムダにしない勝負強さが身につきます。

女性は画面の南西に17を置く

頑張っているのに、なぜかツキに恵まれないあなたは「17」を南西の方角に置いて、活力をチャージしましょう。魅力が高まって体も丈夫になり、発展が望めるようになります。食事や運動にも気を使い、体力をつけることで、悲しい日々と決別できるはず。

実力発揮　才能開花　キャリア志向
起業　経済力　センス　モテる

実力を存分に発揮し、周囲に認められる「21」。キャリア志向が強く、男女ともにバリバリと仕事をこなして、さまざまな分野で成功をつかみます。昇進してトップの地位を手に入れたり、起業家として活躍する人も多数。そのジャンルのスペシャリストとして尊敬を集めます。時代を感じ取るセンスに優れているので、ＩＴ系など最先端の分野が向いているでしょう。自己プロデュースにも長けており、ハイセンスな暮らしぶりは、理想のライフスタイルとして多くの人にうらやましがられそう。その生活水準を維持することが、仕事のモチベーションにもなっています。

異性を惹きつける魅力もたっぷりのあなたですが、女性は恋愛よりも仕事が優先になりがち。あなたを思いやってくれる、身近な人の存在にも目を向けてくださいね。

お守りナンバーを「暗証番号」にして開運！

発想力を増して さらなる高みへ

たとえばこんな組み合わせに！

5	4	9	5

2	0	3	9	9

8	1	0	9	0	5

…etc.

先祖の加護を得て 幸運がずっと続く

たとえばこんな組み合わせに！

0	0	0	6

3	3	0	0	0

1	4	0	0	0	1

…etc.

お守りナンバーをスマホ待ち受けにして開運！

男性は画面の 東 に 23 を置く

計画的に物事を進め、キャリアを重ねていくあなた。さらなる高みを目指すには、「23」の数字が助けになるでしょう。東の方角へ置くと、オリジナリティのある発想力や実行力が増し、ステップアップが望めます。現状を維持しつつ、新たな分野での活躍も。

女性は画面の 東 に 6 を置く

総合的にツキに恵まれたあなたの強運を維持してくれるのが、「6」のお守りナンバー。東の方角へ置くと、先祖からの加護が得られたり、思わぬチャンスが舞い込んだりと幸運が続くでしょう。プライベートも充実して、今まで以上に実力を発揮できるはず。

見栄っ張りが原因で、問題を起こしがちな「22」。自分の欠点をごまかすために小さな嘘を重ねたり、事実を曲げたり……。そんな嘘がばれて大問題になっても、つい逆ギレして評価はがた落ちになります。短気な性格のため、叱られるのも大嫌い。焦ってごまかそうとしても、日頃の行いが原因で味方はおらず、何事もうまくいきません。そんな現状に不平不満をこぼしてばかりのせいで、余計に人が近づかなくなるという悪循環に。恋愛もすぐ冷めて長続きしません。

面倒くさがりで、思いどおりにいかないと投げ出してしまうあなたですが、実は一発逆転のチャンスも。辛抱強く粘れば、大きなことを成し遂げる力も秘めています。奇跡を起こすのは自分次第ということを忘れず、地道な努力を続けてください。

お守りナンバーを「暗証番号」にして開運！

男性の

**我慢強さがあれば
奇跡も起こるかも**

女性の

**困難を乗り越えて
一発逆転の可能性も**

たとえばこんな組み合わせに！

9998

58895

777770

…etc.

お守りナンバーをスマホ待ち受けにして開運！

男性は画面の 北 に 8 を置く

あきらめが早く、くじけやすいあなたは、努力を象徴する数字の「8」を北の方角へ置いてみましょう。地道に頑張る力がついて、バイタリティにあふれた働き者になれます。物事を最後までやり遂げる力があれば、起死回生となる一手を打つことができるでしょう。

女性は画面の 西 に 35 を置く

「見栄っ張りで口だけの人」という汚名を返上するためには、粘り強く頑張る力を身につけるしかありません。困難をうまく乗り越える「35」があなたをサポートしてくれます。西の方角に置けば、我慢強さが備わって、大逆転のハッピーエンドになるかも。

非凡な発想　知能　目的達成
実行力　冒険心　話術　臨機応変

独創的なアイデアがどんどん飛び出すアイデアマンの「23」。オリジナリティのある発想力と抜群の実行力で成功をつかみます。土壇場に強く、追い込まれるほど、頭が冴えてくるのも強み。逆境にひるむことなく、ピンチをチャンスに変えることができます。頭の回転も速く、巧みな話術で相手を引き込むのも得意。営業職に就けば、またたく間にトップの成績を上げられるでしょう。遊び心があって、周りを喜ばせたり、驚かせることも大好き。エンターテイナーでコミュニケーション力の高いあなたに、惹きつけられる人も多そうです。

公私ともに充実し、多忙な毎日を送るあなたは、恋愛面でも気の合う相手を見つけられそう。ただし女性は仕事がうまくいっていると、恋愛がおろそかになってしまうかも。

お守りナンバーを「暗証番号」にして開運！

男性の

実行までのスピードがより速くなる

たとえばこんな組み合わせに！

…etc.

女性の

恋のチャンスも到来し公私ともに充実

たとえばこんな組み合わせに！

5999

88880

777740

…etc.

お守りナンバーをスマホ待ち受けにして開運！

男性は画面の 南 に 1 を置く

思いつきを形にする力に優れた23。その実行力をさらに強固にしてくれるサポートナンバーが、「1」です。並外れた先見力でトップに立つ力を与えてくれて、さらにスピーディーな動きが可能に。南の方角に置いて、積極的にゴールへ向かって突き進みましょう。

女性は画面の 南 に 32 を置く

仕事に夢中になるあまり、プライベートがおろそかになりがちな23。心の潤いを保つためには、立ち止まって考える必要も。仕事の成功に加えて、恋のチャンスも訪れる「32」を南の方角へ置いて。公私ともに充実し、順風満帆な人生を送れるでしょう。

運命ナンバー

24

のアナタは…

財運　資産　玉の輿
モテる　成功　セレブリティ

信じられないほどの財運に恵まれる「24」。勘が鋭く、無から有を生み出す力はナンバーワン。宝くじが当たったり、仕事で大成功したりと、思わぬ大金を手にすることも。ルックスにも恵まれており、恋のチャンスも人一倍訪れるでしょう。お金持ちに見初められるなど玉の輿にのる人も多く、贅沢三昧のセレブな生活を送ることも。

体も丈夫で、健康面でも心配はありません。やりたいことに集中できる環境が整っています。

ただし、お金に対する執着が度を超すと、行動や考え方が打算的になってしまうかも。損得勘定で付き合う人を選ぶようになると、心の豊かさを見失ってしまうので注意してください。お金だけが、人間の価値ではないと肝に銘じておきましょう。

お守りナンバーを「暗証番号」にして開運！

男性の

対人トラブルを遠ざけてくれる

たとえばこんな組み合わせに！

0	0	9	6

8	6	0	0	1

6	6	0	0	1	2

…etc.

女性の

周囲のサポートでトラブルを回避

たとえばこんな組み合わせに！

8	8	8	7

5	5	5	8	8

5	2	3	5	8	8

…etc.

お守りナンバーをスマホ待ち受けにして開運！

男性は画面の北西に15を置く

財産に恵まれる24の助けとなるのが、「15」。北西の方角に置けば、大金を手にしたあなたが人間関係のトラブルに巻き込まれないように守ってくれます。人徳を集めて良い人脈を築き、怪しい人物を遠ざけてくれるでしょう。家庭運、恋愛運も好調に。

女性は画面の北西に31を置く

大金を手にしたあなたには、下心を持った怪しい人物が近づいてくる危険性も。人気が高まり、多くの人に慕われる「31」を北西の方角へ置くことで、リスク回避ができるでしょう。人望が備わることで、みんながあなたの幸せや発展を応援してくれます。

才能　個性的　エリート　計画的
頭脳明晰　記憶力　理屈っぽい

頭脳明晰で理論派。自分の能力を冷静に分析し、ふさわしいタイミングで才能を開花させることができる「25」。記憶力と計画力はピカイチ。綿密な計算と正確なシミュレーションのもとに、プランを着々と進めていきます。勉強熱心で根性も人一倍。知らないことがあるのは恥ずかしいと考え、常に自分を高める努力を怠りません。高学歴の人や、難関の資格を得る人も多く、エリート街道を突っ走るでしょう。時間やお金の管理も上手で、ムダなく効率的に物事を進めていけます。

ただし、ややまじめでルールに厳しく、融通が利かない面も。周りからも気むずかしい人と思われがちです。問題を解決するには、何事も理屈でとらえすぎないことも重要。世の中には、説明のつかない物事も存在すると認めることも大切です。

お守りナンバーを「暗証番号」にして開運！

男性の

神仏の力を信じられるかも

たとえばこんな組み合わせに！

0088

73024

096001

…etc.

女性の

お守りナンバー

13

優しげな笑顔が未来を開く

たとえばこんな組み合わせに！

9004

80005

760000

…etc.

お守りナンバーをスマホ待ち受けにして開運！

男性は画面の西に16を置く

エリート意識が強く、自分が正しいと信じて疑わない25。その思いを強化してくれるのが、信念を強める力を持つ「16」です。西の方角へ置くことで気配りと社交性が増して、集団のトップに立てるように。不思議な力が信じられるようになるかもしれません。

女性は画面の東に13を置く

上昇志向が強く、クールな雰囲気の25ですが、時に思いやりに欠ける言動をとってしまうことも。可能性を広げるには、優しさや柔軟性を身につける必要がありそう。明るさや爽やかな笑顔を生み出す「13」を東の方角へ置き、魅力を高めましょう。

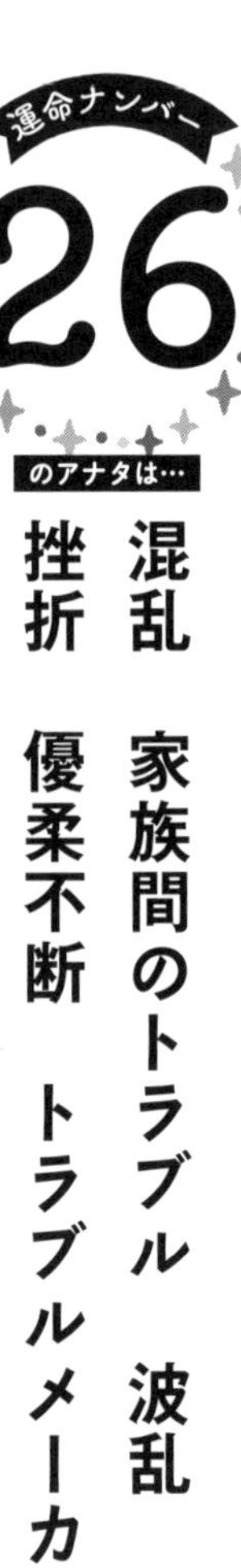

混乱を招きやすい「26」。考え方にブレがあり、言うことがコロコロ変わるため、周囲からは「優柔不断な人」とレッテルを貼られてしまいます。現実をそのまま受け入れることができず、自分を過大評価しがち。自信過剰な反面、能力が追いついていないため、できない仕事を安請け合いしてしまうことも。期待通りの結果を出せず、周囲を混乱に巻き込むことになります。家族運にも恵まれず、進学や仕事、恋愛で家族の反対にあったり、身内に足を引っ張られたりしそう。

病気になったり、事故に巻き込まれたり……と困ったトラブルが続出して、なかなかやりたいことを実現できませんが、目に見えない力を敏感に察知する力には長けています。落ち着いて対処することで、深刻な危険からは逃げられるでしょう。

お守りナンバーを「暗証番号」にして開運！

男性の

冷静な判断でピンチを脱出

たとえばこんな組み合わせに！

0	0	5	6

9	2	0	0	0

0	0	8	0	3	0

…etc.

女性の

数字の力を借りてポジティブ体質に

たとえばこんな組み合わせに！

0	0	0	8

4	4	0	0	0

3	5	0	0	0	0

…etc.

お守りナンバーをスマホ待ち受けにして開運！

男性は画面の中心に 11 を置く

思わぬ事態に混乱し、抜け出せなくなったあなたを沼から救ってくれるのは、天からの恵みで幸運が舞い込む「11」のお守りナンバーです。中心へ置くと物事を先読みする力が身につくでしょう。急なハプニングにも気持ちが落ち着き、冷静に判断できるように。

女性は画面の中心に 8 を置く

トラブルを解決し、開運を手に入れるには、まず現状を打破することが必要。安定をもたらす「8」を中心へ置きましょう。前向きに頑張る気持ちが芽生えて、ここ一番のときに踏ん張れるように。トラブル体質も解消し、次第にラクになれるでしょう。

批判力　短気　切れ者　冷淡
お金にシビア　マイペース　孤独

頭の回転が速い反面、容赦のない言葉で周囲を傷つけ、孤独に陥りやすい「27」。あらゆる意味で切れ者ですが、気が短く、言動はいたってマイペース。本能のままにばっさりといろんなものを切り捨て、大事なものまで失ってしまいそう。協調性に欠けるため、相手の話を切ったり、好き嫌いをハッキリ口にしたりして、雰囲気を悪くすることもしばしば。些細なことでイライラするため、人間関係もギクシャクしがちで友人も少なめです。恋愛でもひとりの時間を大切にしすぎて、相手が去ってしまうことに。基本的に孤高の存在で、孤独に陥りがち。誰にも頼らず、ひとりで生きていくことになるかもしれません。シビアな性格は貯蓄に向いており、お金は確実に貯まりそう。基本的に無駄遣いや衝動買いもしないタイプです。

お守りナンバーを「暗証番号」にして開運！

人を愛する心を育みましょう

たとえばこんな組み合わせに！

0	0	9	9

4	5	0	9	0

0	5	5	5	0	3

…etc.

身近な人に感謝し協調性を養って

たとえばこんな組み合わせに！

8	9	9	9

6	6	6	9	8

9	9	9	8	0	0

…etc.

お守りナンバーをスマホ待ち受けにして開運！

男性は画面の 東南 に 18 を置く

強情で孤独に陥りがちな27は、粘りや家庭運に恵まれる「18」を東南の方角へ置いてみましょう。家族を愛し、守る能力が養われ、ひとりぼっちの人生に光がさします。温かい家庭を手に入れることで、協調性も育まれ、人に優しく接することができるように。

女性は画面の 東南 に 35 を置く

クールな性格ゆえに、寂しく孤独な人生を歩みがちな27。母性本能が高まり、人脈や家庭運が補われる「35」を東南の方角に置けば、今よりも人に優しくなれるはず。思いやりの気持ちが芽生え、大切な人への感謝の気持ちや協調性がわいてきます。

家庭内トラブル　不安定
苦労　別離　停滞　体調不良

不運に見舞われ、思わぬトラブルに悩まされる「28」。特に家族や友人、恋人など身近な人が起こした問題に巻き込まれたり、フォローに奔走させられたりしがち。人間関係も安定せず、大切な人とも仲違いして、精神的にも落ち着きません。

体力がないため、病気やけがに悩まされることも多いでしょう。いざというときに体調を崩して、チャンスを失うこともありそうです。自分に自信が持てないため、あきらめるのも早く、なかなか成果を出すことができません。結婚や恋愛が長続きしないのもこの数字を持った人の特徴です。ただし、本来は努力家の「28」。体調管理にさえ気をつければ、与えられた課題は十分にやり遂げられるはず。自分の体の声をよく聞いて無理をせず、体に負担をかけないようにしてください。

お守りナンバーを「暗証番号」にして開運！

前向きなエネルギーをチャージして

たとえばこんな組み合わせに！

9	9	9	6

9	4	5	6	9

5	5	5	5	9	4

…etc.

体力と自信がつけば運気も好転するはず

たとえばこんな組み合わせに！

9	9	0	0

2	6	5	5	0

8	1	0	0	1	8

…etc.

お守りナンバーをスマホ待ち受けにして開運！

男性は画面の南西に33を置く

自信を持って行動に移せない28。タフなエネルギーを持つお守りナンバーで、無気力さを補う必要があります。ダイナミックさや、目標に向かって突き進むエネルギーが得られる「33」を南西の方角へ置いておきましょう。ポジティブな気持ちが養われます。

女性は画面の東北に18を置く

体調不良に悩まされ、いつも元気がない28。パワーがみなぎり、気力をチャージできる「18」を北東の方角へ置いてみて。家族との関係も修復され、仕事にもプライベートにも前向きに取り組めるようになります。体調を整え少しずつ運気を引き寄せましょう。

権力　財力　名声　勝負運
プライド　積極性　セレブリティ

あらゆる能力に秀で、自信がみなぎる「29」。時代の流れを敏感に察知し、地位や名誉、お金も思いどおりに手に入ります。職場や友人の間でも人望を集め、王様&女王様として君臨するでしょう。そのベースになっているのは、旺盛な好奇心と向上心。勝負運の強さを武器に大きな賭けに出て、一般人からセレブへのし上がる人も現れそう。トップの座に上りつめた後も自分に満足せず、攻めの姿勢を持ち続けるでしょう。仕事だけでなく趣味も楽しみ、公私ともに充実した毎日を送ります。目に見えない力は信じない現実的な性格ですが、獲物をかぎ分ける第六感には優れています。

ただし、あらゆる面で恵まれているせいか、高飛車な言動も目立つように。あまり人を見下すと、思わぬ落とし穴にはまるかも。

お守りナンバーを「暗証番号」にして開運！

男性のお守りナンバー

親しみやすさで味方を増やして

たとえばこんな組み合わせに！

7	8	8	8

8	2	5	8	8

0	3	7	7	7	7

…etc.

女性のお守りナンバー

モテ度を高めて恋愛運もアップ

たとえばこんな組み合わせに！

6	4	6	8

9	8	0	0	7

5	1	2	1	9	6

…etc.

お守りナンバーをスマホ待ち受けにして開運！

男性は画面の東南に31を置く

成功をつかむ人生は、時に反感を買う恐れも。富と権力に固執して人間関係をおざなりにすると、手痛いしっぺ返しをくらいかねません。味方を増やす数字「31」を東南の方角へ置き、周囲のサポートを得ましょう。親しみやすさが高まり、恋愛運もアップ。

女性は画面の南に24を置く

尊敬される反面、嫉妬されることも多い29。プライドの高さが原因で、恋愛面でも縁遠くなりそう。それを助けてくれるのが、モテ度を高め、恋のチャンスを増やしてくれる「24」。方角は南がベスト。人望や愛情を得ることで、さらに充実した毎日に。

一時的な成功　一発屋　落とし穴
お調子者　バブル　ギャンブラー

浮き沈みが激しく、安定が長続きしない「30」。株やギャンブルで大もうけして、巨大な富を得る可能性を秘めていますが、それは一時的なもの。生来のギャンブル好きのせいで、せっかく手に入れた大金を一夜にして失ってしまうかも。

明るくノリがいい反面、無計画な行動が多いため、仕事でもプライベートでも危なっかしいシーンが多々あります。慎重に行動しない限り、友人に裏切られたり、怪しい人にだまされて無一文になってしまう恐れがあります。恋愛でも、熱しやすく冷めやすいため、すぐに関係が終わってしまいがち。大失恋の後も懲りずに不相応な相手を狙って痛手を負うことになります。一攫千金の才能はあるので、うまくやれば億万長者になるかも。成功後は、調子にのらずリスクマネジメントをして。

お守りナンバーを「暗証番号」にして開運！

男性の

落とし穴を避けて堅実な選択ができる

たとえばこんな組み合わせに！

9	9	0	7

0	0	8	8	9

4	5	0	8	0	8

…etc.

女性の

仲間の忠告でリスクを回避

たとえばこんな組み合わせに！

9	8	7	7

6	6	6	6	7

9	9	9	0	0	4

…etc.

お守りナンバーをスマホ待ち受けにして開運！

男性は画面の西に25を置く

成功が長続きしないあなたが選ぶべきは、計画性が備わる「25」。西の方角に置くと、個性や才能を十分に発揮できるようになります。リスクの高い勝負や賭けに出ることも減り、痛い目に遭う可能性もなくなるはず。大金を手にした後も、正しい運用ができます。

女性は画面の北に31を置く

一発屋で終わらないためには、周りの力を借りることも重要。信頼できる仲間に囲まれる「31」を北の方角へ置きましょう。危険な賭けに出ようとすると、仲間が止めてくれるため、リスクを回避できます。周りの意見を聞くことで、冷静な判断ができます。

運命ナンバー

31

のアナタは…

ツキ　才能　気立ての良さ
繁栄　統率力　温厚

素晴らしいツキに恵まれるラッキーナンバーの「31」。頭脳明晰な上、気立てが良く温厚な性格。状況に応じて的確な判断ができるため、周囲からの評価も上々。統率力にも優れていて、頼もしいリーダーとして人望を集めるでしょう。大きなプロジェクトを任されたり、仲間を率いて大きな成功を収めたりする可能性も大。

心優しいあなたは異性からの人気も高く、狙った相手は必ずモノにできるはず。相手の運気も引き上げるほどのパワーがあるので、一緒に成長できる理想的なカップルになります。

バランス感覚に優れているので、何かひとつのことに偏ることもナシ。仕事も趣味も家庭も両立して、末永く幸せに暮らせるでしょう。

お守りナンバーを「暗証番号」にして開運！

男性の

周囲と調和して強運を維持する

たとえばこんな組み合わせに！

0	9	7	7

0	7	4	5	7

0	5	5	5	0	8

…etc.

女性の

節目で活用すると運気の底上げに

たとえばこんな組み合わせに！

1	8	7	8

0	6	4	5	9

5	2	5	5	7	0

…etc.

お守りナンバーをスマホ待ち受けにして開運！

男性は画面の中心に 23 を置く

何もかもが絶好調の、素晴らしい運気を持っている31。十分に強運ですが、あえて強化するならコミュニケーション能力です。周囲との調和を図り、関係をスムーズにする「23」を中心へ置くと、頭の回転も良くなり、アイデアがどんどんわくようになりますよ。

女性は画面の東南に 24 を置く

強運をバックアップするナンバーは、ズバリ「24」。東南の方角へ置くと、金運・健康運・恋愛運を総合的に底上げしてくれます。人生の節目など、環境が変わるタイミングで取り入れると、ツキを確実にモノにできます。思いどおりの結果を得られるはず。

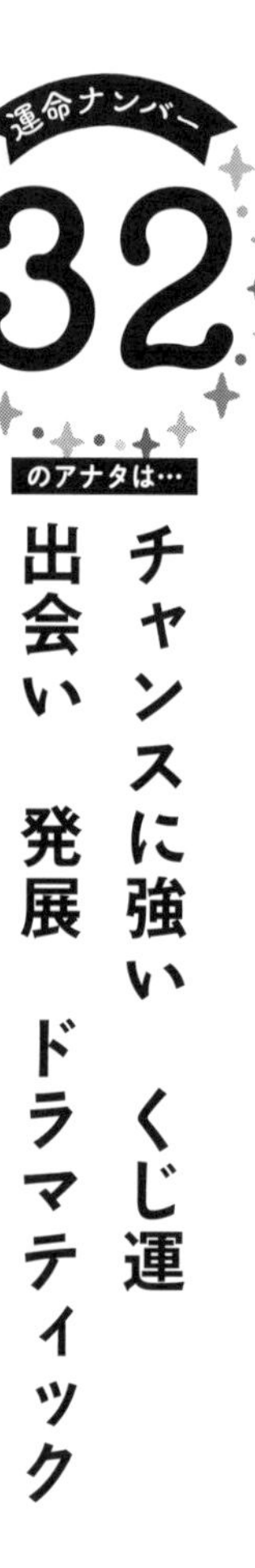

チャンスに強い　くじ運
出会い　発展　ドラマティック

次々にチャンスが舞い込む「32」。ここぞという場面で強く、ひとつ幸運をキャッチすると、芋づる式にラッキーな出来事が起こります。チャンスの兆しを感じたら、即座につかまえることが、幸運の連鎖を引き寄せるカギです。特にくじ運が強く、宝くじやギャンブルで一攫千金を狙える可能性も。ドラマティックな出会いを呼ぶ数字でもあるので、何歳になっても初恋のようにときめく新鮮な恋ができそう。予期せぬタイミングで、素晴らしい相手に巡り会うことができます。それは恋愛に限らず、仕事でも同様。自分を引き立ててくれる有力な人物とも知り合えます。

チャンスは続々とやってきますが、謙虚な姿勢を保つことが大切です。地道な日頃の努力があってこそ、幸運がつかめるのだと心得ておきましょう。

お守りナンバーを「暗証番号」にして開運！

男性のお守りナンバー

タレント性が高まりチャンスが増える

たとえばこんな組み合わせに！

…etc.

女性のお守りナンバー

7

チャンスに強い自分になれる

たとえばこんな組み合わせに！

0007
25000
340000

…etc.

お守りナンバーをスマホ待ち受けにして開運！

男性は画面の北西に 17 を置く

親しみやすい存在感を放ち、いつもキラキラと輝いているあなた。今の幸運を活かすカギは、〝出会い〟の質を高めることです。「17」の数字を北西の方角へ置くと、タレント性が高まり、チャンスがスケールアップします。ますます活動的になり、出会いも期待。

女性は画面の西に 7 を置く

ここぞという場面であなたの強運を発揮するには、タイミングをとらえる判断力を強化するのがGOOD。「7」のお守りナンバーを西の方角へ置いて、良いエネルギーを取り入れましょう。勇気や判断力が身につき、チャンスをつかむ力がより高まります。

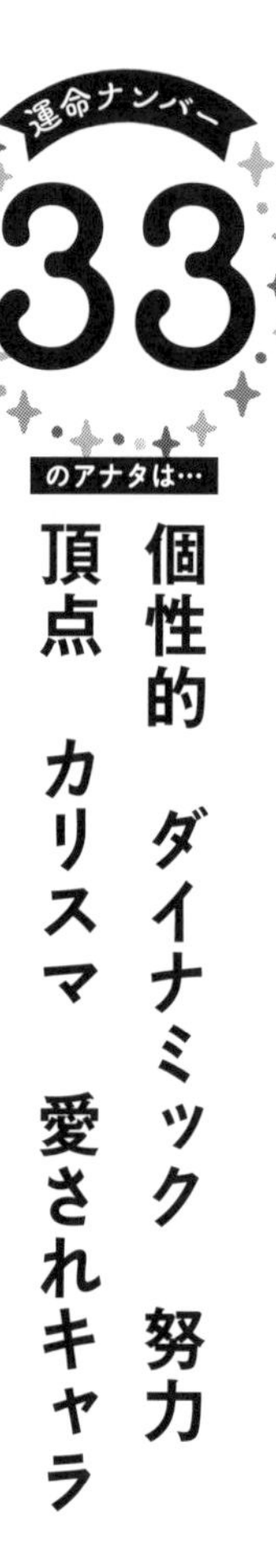

個性的　ダイナミック　努力
頂点　カリスマ　愛されキャラ

独特のセンスと個性的な魅力を発揮する「33」。好きなことを一生の仕事に選び、スペシャリストとして活躍できるタイプです。やるからにはその道の頂点を目指したいと考え、努力を惜しまず目標に向かって突き進みます。そのダイナミックなふるまいと情熱的な性格はとても魅力的。周囲の共感を呼び、やりたいことをサポートしてもらえるでしょう。頂点を極めたときには、一挙一動が人目を引く、カリスマ的存在として君臨。成功した後も、多くの人から支持を集めそうです。

ただし、夢の実現を何よりも優先するため、恋愛は二の次になりがち。目標を叶えるまでは、魅力的な出会いがあっても見向きもしません。特に女性は結婚願望も低めで、つい恋の始め方を忘れてしまいがちです。

お守りナンバーを「暗証番号」にして開運！

男性の

神仏の加護で素早い目標達成を

…etc.

女性の

お守りナンバー

15

魅力を高めていい恋を引き寄せる

たとえばこんな組み合わせに！

9006

70008

551130

…etc.

お守りナンバーをスマホ待ち受けにして開運！

男性は画面の南に6を置く

目標に向かって頑張り、夢を叶えるまではほかのことに意識が向かない33。偏りがちな性質を改善するには、できるだけ早く目標を叶えるのが一番です。神仏や先祖の加護を得られる「6」を南の方角へ置けば、思いがけないチャンスに恵まれるでしょう。

女性は画面の東に15を置く

夢の実現を早めるために活用したいのが、「15」のお守りナンバー。東の方角に置くと人間的魅力をアップし、人脈が広がります。親近感も増して、交友関係もスムーズに。恋愛運も引き寄せる数字なので、念願を叶えた後は、ご褒美に恋愛に目を向けてみて。

運命ナンバー

34

のアナタは…

事故　予期せぬ不運　病気
色気　お酒の失敗　恋愛トラブル

予期せぬ不幸を呼び込みやすい「34」。日々、まじめに努力しているのに、いつの間にかトラブルに巻き込まれていたり、周りから誤解を受けたり……。信じていた友人に裏切られるなど、対人関係も波乱気味です。健康面でも不安が多く、急なハプニングでケガをしたり、体調を崩したりすることもしばしば。とりわけお酒の席での失敗には要注意！　一夜の過ちを起こしたり、上司や得意先の前で失言をしたり、酔っ払っての失態には十分に気をつける必要があります。

もっとも気をつけたいのは、恋愛トラブル。妙な色気があり、多くの異性を惹きつけるあなたですが、実は不倫だった、三角関係だった、浮気されていた、ＤＶの被害に遭った……などの危険性も。穏やかな恋愛をするのは難しそうです。

お守りナンバーを「暗証番号」にして開運！

男性の

ツキを呼び繁栄をもたらす

たとえばこんな組み合わせに！

9995

87890

777740

…etc.

女性の

家族運を高めてトラブルを遠ざけて

たとえばこんな組み合わせに！

9900

77040

655002

…etc.

お守りナンバーをスマホ待ち受けにして開運！

男性は画面の北に32を置く

なぜかトラブルメーカーばかりを惹きつけてしまうあなた。ツキを呼び、繁栄をもたらす「32」を北の方角へ置いておきましょう。想定外のトラブルが減り、落ち着いて過ごすことができるようになります。健康管理し、お酒の量に気をつけることも大事。

女性は画面の北に18を置く

今の運気を変えるには、お守りナンバーの力で足りないエネルギーを補う必要があります。困難に打ち勝つタフさと安定した家庭運をもたらす「18」を北の方角へ置きましょう。家族からの手厚いサポートや愛情に恵まれれば、トラブルもシャットアウト。

優しさ　母性　まじめ　技芸
平和な家庭　器用　アーティスト

優しさと愛にあふれた「35」。思いやりが強く、見返りを求めない優しさで身近な人たちを包み込み、癒やしてくれます。穏やかな人柄で、家族や恋人との仲も良好。物事に誠実に取り組むまじめさで、強固な信頼関係を築けるでしょう。細かいことまでよく目を配り、さりげなく相手をフォローする気配り上手な部分も持ち合わせています。手先も器用で、絵画や裁縫、料理などの才能も。アーティストや職人など、高い技術を求められる分野で成功を収める人も多いでしょう。

母性本能が強いため、恋愛でも一生懸命に相手を喜ばせようとしてとことん頑張るタイプ。ただし、尽くしすぎて相手をつけあがらせてしまう場合も。愛情の方向が一方的にならないように、バランスを考えることも大事です。

お守りナンバーを「暗証番号」にして開運！

男性の

神仏の守りでトップを目指す

たとえばこんな組み合わせに！

0	0	8	8

7	7	0	1	1

6	6	4	0	0	0

…etc.

女性の

タレント性を高めて頂点へ導いてくれる

たとえばこんな組み合わせに！

2	3	4	8

8	8	0	0	1

6	5	1	3	0	2

…etc.

お守りナンバーをスマホ待ち受けにして開運！

男性は画面の東北に 16 を置く

手先が器用で、高い技術を活かした仕事で活躍する35。競争の激しい分野で勝ち抜き、活躍するには「16」が助けになるでしょう。北東の方角へ置くと神仏の守りが得られて、組織の頂点を目指せます。ひとつのことに打ち込めば必ずトップを獲得できるはず。

女性は画面の南西に 17 を置く

周りに癒やしを与え、平和で穏やかな関係を築けるのが35の長所。トップを目指すためには、優しさだけでなく、強さを身につける必要も。タレント性と独立心を高め、頂点へ導いてくれる「17」を南西へ置くと成功を力強くサポートしてくれます。

運命ナンバー

36

のアナタは…

親分肌　強引　神経質

短気　波乱　ありがた迷惑

何でも自分の思いどおりに進めたがる、自己中心的な「36」のあなた。その強引な態度から、さまざまなトラブルを呼びがちです。面倒見の良い親分肌で、みんなに慕われるものの、思うように感謝されないと荒れた態度をとることも。あなたはよかれと思って行っていても、相手にとってはありがた迷惑のことも多いようです。相手の状況や気持ちを考えずにお節介を焼き、うんざりされることもしばしば。恋愛でも自分勝手な行動を取って、相手に引かれてしまいそうです。

一方で、強く願ったことを叶える不思議な力を持っているのもこの数字の特徴。ただ、その力を正しく使わず、あくどいことに使ってしまいがち。負のエネルギーはいずれ自分に返ってくると心得ておきましょう。相手を思うピュアな気持ちが大切です。

お守りナンバーを「暗証番号」にして開運！

男性の

場面に応じた
適切な判断ができる

たとえばこんな組み合わせに！

0995

08870

055508

…etc.

女性の

思いやりを育み
自己改革を叶えて

たとえばこんな組み合わせに！

0005

14000

230000

…etc.

お守りナンバーをスマホ待ち受けにして開運！

男性は画面の南西に23を置く

良くも悪くも、熱くなりやすい36は、場に応じてクールダウンが大切。頭の回転を速くし、適切な判断力を身につける「23」を南西の方角へ置いておきましょう。相手の立場に立って考え、周囲を喜ばせる行動ができる、理想的なリーダーとなれます。

女性は画面の東南に5を置く

せっかく人に慕われているのに、自己中心的な言動で人間関係を台無しにしてしまう36。思いやりや協調性が育まれる「5」の力を借りましょう。自己改革を叶えるには東南の方角へ置くのが吉。人の話にしっかり耳を傾けることができるようになります。

37以降の数字はこんな運命を持っている

ケータイ&スマホでは4桁の数字の合計数を使うため、「37」以降の数字は出番がありませんが、数意学では「80」までの数字を見ることができます。パスポート番号や時刻など「36」では収まらない数字を見るときに使いましょう。

2桁の数字で「81」以上の場合、一度合計した数が「81」以上の場合は「80」を引いてください。3桁以上の数字は各位の数を足した合計数で見ます。「037」など2桁の数字でも頭に「0」がつく2桁の数字は3桁とみなします。

合計数が3桁以上になった場合は、「80」以下になるまで繰り返し各位の数を足し続けます。また、「37」以上の凶数の影響を避けたい場合は、例えば5大吉数のシールを貼ったりするなど、吉数を身の回りで使うようにすれば良いでしょう。以下は37

〜80までの特徴の解説です。数字活用の参考にしてください。

37（吉数）

独立独歩・個性的・クール・孤高。自分を貫く姿勢が強い数字。マイペースで、仕事はできる人。変わり者と誤解されても平気。

38（吉数）

技芸・創造性・平和主義者。高い創造性に恵まれている数字。何かにこだわることで他人と争わずにトップに立てる。

39（吉数）

勝負強さ・成功・理性的・責任感。勝負強さに恵まれる数字。責任感も申し分なし。ロマンティストで理想的という二面性も。

40（凶数）

波乱・器用貧乏・大胆・中途半端。器用貧乏で終わってしまう数字。大胆で決断力もあるのに大成しない。個性を出すのが課題。

41（吉数）

実力・判断力・柔軟・臨機応変。苦労しても夢をつかむことができる数字。困難に遭遇しても適切な判断で問題を解決できる。

42（凶数）

多芸・好奇心旺盛・淡白・器用貧乏。多芸多才の数字だが、飽きっぽく情熱が続かず、中途半端に終わりがち。目標到達が課題。

43（凶数）

優柔不断・飽き性・短気・散財。確固たる意志がなく、優柔不断な数字。物事が長続きせず、お金の縁も薄い。短気は損気。

44（凶数）
トラブル・危険・破壊・内向的。トラブルに見舞われやすい数字。悩みが多く、消極的になりがち。頻繁に訪れるリスク回避が肝心。

45（吉数）
計画性・正直者・平穏・順風満帆。計画的に物事を進めていくことができる数字。まじめに努力することで平穏な人生が送れる。

46（凶数）
激変・不安定・挫折・波乱。落ち着きがなく不安定な数字。目標をあきらめたり、挫折に見舞われる激動の人生に。

47（吉数）

努力・開花・人望・金運・結婚。人望も厚く、信頼を得ることができる数字。努力が成功をもたらす。金運や結婚運に恵まれる。

48（吉数）

人徳・参謀・知性・戦略。高い知性が人を引き寄せる数字。目立たないが、参謀として活躍できる。先を見通せる戦略家。

49（凶数）

勘頼み・波乱・見栄っ張り。感情や勘でアクションを起こして失敗する数字。見栄っ張りで、場当たり的な言動がマイナスに。

50（凶数）

両極端・波乱・遠慮・苦労。好不調の波が激しく不安定な数字。運気にも左右されやすく、苦労も多い。だまされやすい。

51（凶数）

早咲き・暗転・甘え下手。若いうちに活躍するなど早咲きの数字。活躍は長く続かない。周囲に甘えられず苦労する。

52（大吉数）

先見性・アイデア・華・功利・金運。アイデアで財を築く数字。わずかなチャンスでもつかみ、成功に導く力がある。金運も強い。

53（凶数）

虚栄心・表裏・場当たり的。見栄っ張りで、いつも心が休まらない数字。場当たり的な対応を取りがちで、それがあだに。

54（凶数）

体調不良・孤独・マイナス思考。努力が報われず、孤独になりがちな数字。健康にも問題が。マイナス思考が人生に影を落とす。

55（凶数）

チャンス・好奇心・自信過剰。3度のチャンスに恵まれる数字。自信過剰は失敗のもと。好機を上手に見極められれば成功する。

56（凶数）

消極的・無気力・依存。無気力になり、依存心が強い数字。邪念が入ると迷い、能力がありながらも目標達成できない。

57（吉数）

明朗・忍耐力・家庭運。忍耐強く、立ち直りの早い数字。困難にあっても明るい性格がそれを助ける。家庭にも恵まれる。

58（吉数）

七転八起・好転・晩年運。人間関係に恵まれ、困難にあっても負けない強い数字。個性を生かして晩年に成功する。

59（凶数）

保守的・潔癖性・無感動・不満。チャレンジを避ける守りの数字。無感動で、不満が多いので周囲との関係もうまくいきにくい。

60（凶数）

派手・虚栄心・不安定・孤独。心が不安定になりやすい数字。見た目は華やかだが、心がさびしく孤独感にさいなまれる。

61（吉数）

野心家・発展・開拓力・傲慢。野心家の数字。高い能力と向上心で成功を収める。協調性に欠け、傲慢な態度を取りがち。

62（凶数）

八方美人・暴走・中途半端。八方美人で調子のいい数字。自分の器以上のものに取り組み、周囲に迷惑をかける傾向が。

63（吉数）

頭脳明晰・芸術・個性・子孫繁栄。聡明で美的センスも兼ね備えた数字。個性を発揮することで成功する。子孫にも恵まれる。

64（凶数）

災難・波乱・徒労・失脚。災難に見舞われやすい数字。努力が報われず徒労に終わることも。計画的に進めることが肝心。

65（吉数）

安定・順応性・平和・友好関係。すべてがスムーズに進む安定した数字。幅広い人間関係を築くことで人生がより豊かなものに。

66（凶数）

ストレス・不安・冒険・体調不良。ストレスや不安を受けやすい数字。健康運は低迷。冒険心を抑えられず無理をすると失敗に。

67（吉数）

ユーモア・親切心・注目・引き立て。ユーモアのセンスがあり、人望を集める数字。才能もあり、引き立てにも恵まれ多方面で活躍。

68（吉数）

論理的・発見・思考力・探究心。論理的な思考に恵まれた数字。探究心は申し分なし。追求するテーマを持つと実力を発揮。

69（凶数）

混乱・不遇・気配り・優しさ。気配りや優しさが周囲に受け入れてもらえない数字。才能が思うように発揮できない人生に。

70（凶数）

流転・独占欲・迷走・寂しがり。居場所が定まらない流浪の民の数字。独占欲が強く周囲の人を束縛して煙たがられる。

71（吉数）

出世・計画性・謙虚・尽力。努力して出世していける数字。計画的に物事を進めて成功。謙虚な姿勢が人望を集める。

72（凶数）

見栄・意地っ張り・金欠・困窮。お金に悩まされる数字。高級品の購入がトラブルのもと。周囲に弱みを見せられずに苦労する。

73（吉数）

理想実現・財・才能・家族。夢は希望を強く持つことで成功する数字。恵まれた才能で富を獲得。家庭運にも恵まれる。

74（凶数）

自尊心・短気・迷い・苛立ち。高いプライドがマイナスの影響をもたらす数字。自己中心的でイライラしがち。物事も停滞。

75（吉数）
慎重・努力家・堅実・まじめ。地道に取り組んで成功をする数字。最大の武器は堅実さ。冒険はプラスに働かない傾向に。

76（凶数）
軽率・安易・騙されやすい。目先のことにしか頭がいかず、状況に振り回される数字。軽率な行動を取ると痛い目に遭う。

77（吉数）
誠実・まじめ・引き立て・援助。周囲の引き立てが成功をもたらす数字。まじめに取り組むことで周囲からの支援も得られる。

78（吉数）
反省・気配り・謙虚・家庭運。内省して自分の悪いところに気づき直せる数字。気配り上手で人間関係も良好。家庭運も上々。

79（凶数）

冷淡・クール・依存的・孤独。冷淡で温かみに欠ける数字。周囲の助けを得られないことも。力がないので他人に依存しがち。

80（凶数）

消極的・逃避・ストレスフル。ネガティブな数字。何事にも逃げ道を探し、自分で解決することを回避。中途半端な人生に。

吉数・凶数早見表

1　3　5　6　7　8　11　13　15（五大吉数）

16　17　18　21　23　24（五大吉数）　25　29

31（五大吉数）　32（五大吉数）　33　35　37　38　39　41

45　47　48　52（五大吉数）　57　58　61　63

65　67　68　71　73　75　77　78

ひと目で丸わかり！

2　4　9　10　12　14　19　20

22　26　27　28　30　34　36　40

42　43　44　46　49　50　51　53

54　55　56　59　60　62　64　66

69　70　72　74　76　79　80

PART 3

恋愛・お金…

願いごとを「開運ナンバー」で叶えよう！

数字と方位と壁紙で開運力を高める

PART2ではケータイ&スマホによる数意学の開運術を見てきました。

このPART3では、**恋愛・結婚運、金運、仕事運、社交運、健康運に分け、それぞれの願い事を叶える数意学を伝授**します！

願いを叶える開運ナンバー、そして、その**パワーを引き出す吉方位に加え、さらなる運気アップにつながる開運壁紙も紹介**します。**開運壁紙を待ち受けにして、その上に数字を置いて**ください。PART2で紹介したお守りナンバーと、願い事別の開運ナンバーを一緒に配置してもOK。

開運壁紙は、願い事を叶えるために必要なパワーをあなたに与えるものです。「ぬいぐるみ」「うちわ」「お守り」といった具体的なアイテム、「海」「朝日」「観葉植物」

などの自然、「ラーメン」「シフォンケーキ」といった食べ物などさまざまです。写真ではなく絵でもかまいません。自分が見ていて心地良いものを置いてください。視覚から得る風水効果というのはとても大きいものです。特に形や色というのは人の心を大きく動かす要素です。だからこそ、見て気持ちいいと感じることが重要、それが自分の中に良い気を取り入れることになります。

健康で幸せになるために数意学を活用

ここでは5つの運気を取り上げていますが、やはりどんなに運気が良くても、健康な体と心がなくては、本当に幸せな人生は送れないのではないでしょうか？

恋もお金も大切ですが、**もっと大切なのは自分の体**です。心と体を元気にする数意学に取り組んでもらいたいですね。

心身の健康は精神力と体力を兼ね備える「8」や生命力のある「18」が鍵。 8時間睡眠を守る、パワースポットに行き8回深呼吸をする、筋トレの回数は18回にする、といった数字の使い方もあります。

数意学はメンタルを強くします。良い数字を持った、使ったという安心感は心の安定にもつながり、心の健康にもプラスに働くのです。

では、次のページから5つの運気をアップしてくれる開運ナンバーについてみていきましょう。

体の各部位の不調に対応する数字

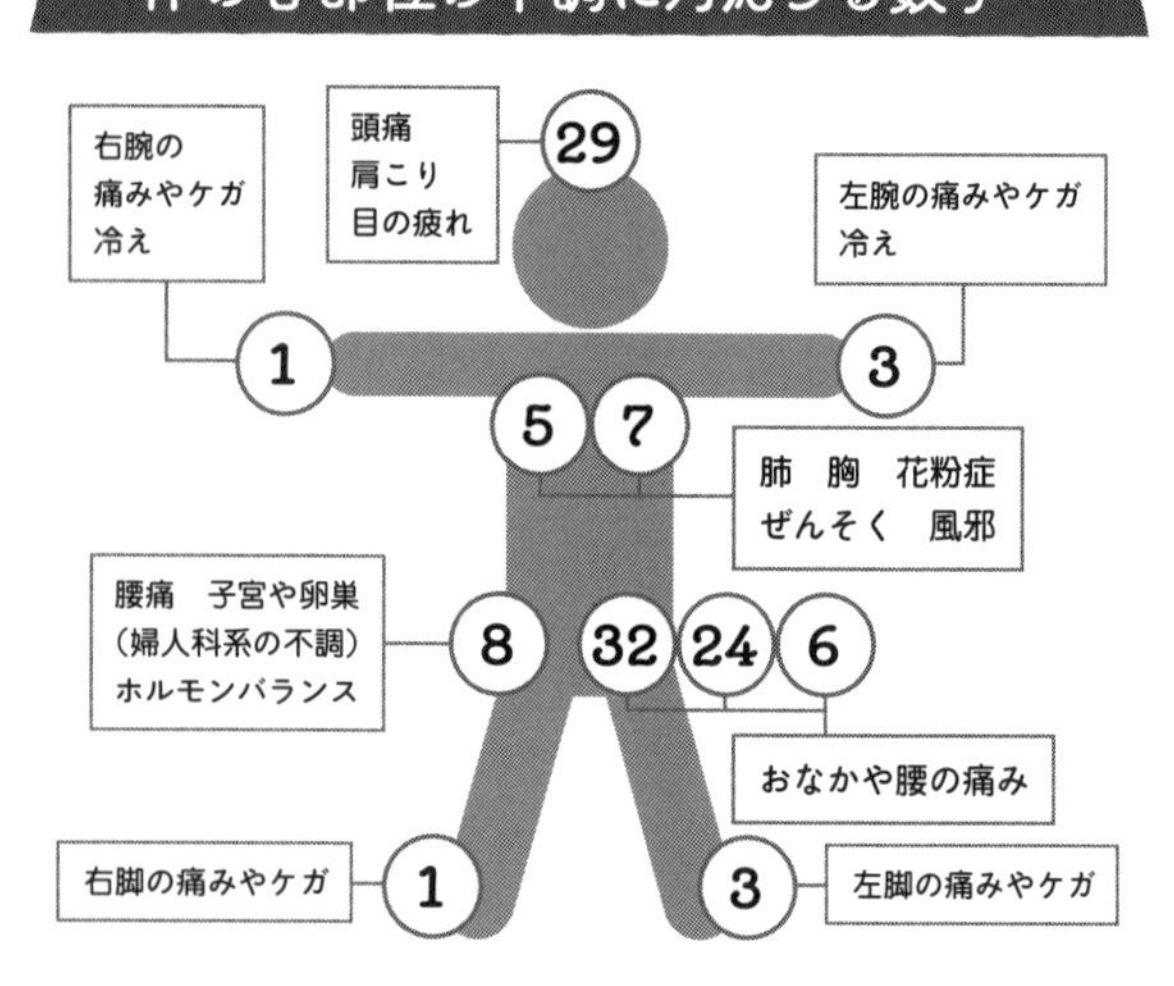

恋愛・結婚運UP

「とにかく異性からモテたい！」

チャームポイントを引き出して芸能人級のモテモテ生活になります

とにかくモテたい！　そんな人におすすめのパワーナンバーは「13」。親しみやすく元気なキャラクターで若々しい魅力を発揮し、老若男女から幅広く支持を集めるでしょう。人見知りせず誰とでも親しくなれるので、どこに行ってもみんなといい関係をつくれるようになるはず。この数字を画面の中央に置けば、自分を中心に物事が回っていき、周りの人たちを思うがままに動かせるようになります。

とくにピンとくるものが見つからない、という人は「人気」という文字そのものを大きく表示しておいても効果がありますよ。

待ち受け画面に置いて運気UP

開運ナンバーをスマホの中心に置く

開運壁紙でさらに運気UP

流行のもの

恋愛・結婚運UP

開運ナンバー

17

「片思いを成就させたい！」

自分磨きのモチベーションをアップ
魅力的になって彼の心を手に入れよう

好きな人を振り向かせたい！　そんな片思い中の人におすすめなのが、高い目標を叶えてくれる「17」の数字です。南の方角に置くと、「自分磨きをしてキレイになろう！」というモチベーションが自然とわいてきます。さらに、恋愛運アップに強いハートのモチーフやピンク色、バラの花と組み合わせるとGOOD。バラ園に行ってピンクのバラの写真を撮って、携帯の待ち受けにするのもいいですよ。努力して魅力的になったあなたに、彼も振り向いてくれるはず。

待ち受け画面に置いて運気UP

開運ナンバーをスマホの南に置く

開運壁紙でさらに運気UP

ハート

恋愛・結婚運UP

「出会いのチャンスを増やしたい！」

さわやかに吹く風と一緒にうちわが出会いを運んでくれます

今は特定の恋人がいなくて、誰かいい人と出会いたい！　と思っているなら、「32」を活用して。さまざまなチャンスを引き寄せるこの数字は、合コンや友人の紹介で素敵な相手に出会う確率をぐんと高めます。

出会いは「風」が呼び寄せるものなので、風を起こすアイテムを身の回りに置くのも◎。オレンジ色のうちわや扇風機の画像を壁紙にしておけば、あなたと相性ぴったりの相手にめぐり会う可能性がさらに高まります。数字を置く方角は、東南がいいでしょう。

待ち受け画面に置いて運気UP

開運ナンバーをスマホの東南に置く

開運壁紙でさらに運気UP

うちわ

「いまの恋人と長続きさせたい！」

ふんわり甘いシフォンケーキがマンネリを防いでくれます

お付き合いしている彼や彼女と長く付き合っていきたい、という人をサポートしてくれるのが「15」の数字。人間的な魅力が高まり、恋愛関係を充実させてくれます。

また、「長続き」ということは、もしかしたらマンネリになってしまう恐れもありますよね。そんなリスクを防いで、マンネリを解消してくれるのが甘くてふわふわ柔らかいシフォンケーキの画像。実りをもたらす西の方角に置きましょう。今の相手と、結婚までゴールインできる可能性もアップします。

待ち受け画面に置いて運気UP

開運ナンバーをスマホの 西 に置く

開運壁紙でさらに運気UP

シフォンケーキ

恋愛・結婚運UP

「恋のライバルに勝ちたい！」

きらきら光る豪華なシャンデリアでライバルに差をつけよう

ライバルになんとしても勝ちたい、という人の強い味方が、「29」。勝ちにこだわる数字で、自信を持ってライバルに立ち向かえます。とはいえ相手を蹴落とすために卑怯な方法を取るわけではなく、あくまで正々堂々と戦うのがこの数字。

ライバルに勝つには〝ゴージャスな美しさ〟がカギになるので、きらきら光る豪華なシャンデリアや、ヨーロッパのお城などゴージャス感のある画像を待ち受けにするのがおすすめ。勝負に強い南の方角に置いておきましょう。

待ち受け画面に置いて運気UP

開運ナンバーをスマホの南に置く

開運壁紙でさらに運気UP

豪華なシャンデリア

恋愛・結婚運UP

開運ナンバー

9

「男友だちが欲しい！」

小悪魔的なキュートな魅力でたくさんの男性を惹きつけて

女子校育ちの人や、職場が女性ばかりで男性に免疫がない……という人。まずは心を許せる男友だちをつくりたいですよね。そんな人は男性からの注目を集める「9」を活用。ちょっと同性受けは悪くなるかもしれませんが、男受けはピカイチ。東の方角に置けば、小悪魔的な愛らしさで男性を惹きつけます。

画像はかわいいぬいぐるみが映ったものを選べば、女の子らしいキュートな魅力が倍増。アニメの主人公や動物のキャラクターなど、人気のキャラクターがよりオススメです。

待ち受け画面に置いて運気UP

開運ナンバーをスマホの 東 に置く

開運壁紙でさらに運気UP

ぬいぐるみ

恋愛・結婚運UP

開運ナンバー

3

「大失恋から立ち直りたい！」

気持ちをすぱっと切り替える「だるま」やブルーの色を活用

誰にとっても失恋は辛いもの。思いが深いほど、立ち直るまでには時間がかかりますよね。痛みからのリカバリーを助けてくれる数字が、フットワークを高めてくれる「3」です。変化や切り替えに役立つ北東の方角へ表示すれば、すぱっと気持ちを前に進めてくれるはず。

画像は、立ち直りを象徴する「だるま」がベスト。転んでも何度も起き上がってくるだるまは、気持ちの復活にぴったりです。相手への愛情をなかなか断ち切れない人は、気持ちを冷めさせる真っ青なブルーに。

待ち受け画面に置いて運気UP

開運ナンバーをスマホの東北に置く

開運壁紙でさらに運気UP

だるま

開運ナンバー

7

「いまの恋人と上手に別れたい！」

ナンバーの入った画像を送ってお互いに未練を残さず別れよう

腐れ縁の相手や、自分にとってマイナスにしかならない相手とうまく別れたいなら、「7」の数字を味方につけましょう。この数字はタフな精神力を持ち、人間関係にもドライ。東南の方角に置けば、相手を必要以上に傷つけず、きれいに別れられます。相手に「7」の入った画像を送るのもいいでしょう。未練を残さずすっぱりと別れられるようになりますよ。

画像はまさに〝別れ〟をイメージする刃物が最適。ナイフや包丁など〝切るもの〟の画像を活用して。

待ち受け画面に置いて運気UP

開運ナンバーをスマホの東南に置く

開運壁紙でさらに運気UP

刃物

恋愛・結婚運UP

「〝恋人未満〟から卒業したい！」

正しい方向へ自分を導いてくれる「お守り」であいまいな関係を解消

友だち以上恋人未満というようなあいまいな関係は早く卒業したいものですよね。そんなときに助けとなるのが「31」のナンバーです。良妻賢母を意味する「31」は、相手のことも自分のことも、すべてを思いやることができる愛情深い数字。北西の方角に置けば、周りから的確なアドバイスが得られます。

壁紙は正しい方向へ自分を導いてくれる「お守り」の画像を。ただし、もし今の相手が自分にとって望ましくない相手なら、結果的に別れを選ぶことになるかもしれません。

待ち受け画面に置いて運気UP

開運ナンバーをスマホの北西に置く

開運壁紙でさらに運気UP

お守り

恋愛・結婚運UP

開運ナンバー

24

「玉の輿にのっちゃいたい！」

シンデレラに登場しそうな豪華なお城をイメージして

大金持ちに見初められてセレブな生活を送りたい！　そんな壮大な野望を抱いている人も、数字の力を借りれば叶うかもしれません。使うのは恋愛運と金運の両方に強い「24」の数字。出会いを呼び寄せる東南の方角へ置けば、玉の輿にのるチャンスに恵まれるでしょう。

玉の輿をイメージする代表的なキャラクターといえば、まさにシンデレラ！　おとぎ話に出てくるようなゴージャスな西洋のお城の写真を壁紙にすれば、さらに、お金持ちに出会える可能性は高まりますよ。

待ち受け画面に置いて運気UP

開運ナンバーをスマホの東南に置く

開運壁紙でさらに運気UP

西洋のお城（洋館）

恋愛・結婚運UP

開運ナンバー

3

「ふたりのマンネリを解消したい！」

初めてふたりが出会ったときの気持ちを思い出せるように

長年連れ添っている夫婦や、付き合いの長いカップルのマンネリ感を解消するには、ズバリ初心を取り戻すことがカギ。子どもらしい無邪気な心になれる「3」の数字を東北東の方角を活用しましょう。

ふたりの思い出の場所の写真を壁紙にするのも、とっても効果的。初めて出会った場所や、初デートで行ったスポットの写真を見て、出会った頃のときめきを思い出しましょう。もしその場所の写真が手に入らなければ、初デートで食べたメニューを写真に撮るのも○。

待ち受け画面に置いて運気UP

開運ナンバーをスマホの**東北東**に置く

開運壁紙でさらに運気UP

ふたりの出会いの場

「夫婦げんかをなくして円満に！」

家庭運や愛情運をアップして優しい気持ちで向き合えるように

しょっちゅう夫婦げんかをするのが悩みで、「もっと夫婦生活を円満にしたい！」と思っている人。「15」を西の方角に置いて、家庭運をアップしましょう。家族の時間を大切にしよう、という気持ちがわいてきて、相手に今より優しくなれるはず。思いやりに満ちた家庭で、心安らぐ毎日を送れるようになります。

画像は夫婦の甘い生活のイメージにつながる、プリンやゼリーなどのやわらかなスイーツが最適。相手に合わせ自分を変えられる柔軟性がついて、衝突することが減りますよ。

待ち受け画面に置いて運気UP

開運ナンバーをスマホの西に置く

開運壁紙でさらに運気UP

プリン・ゼリー

恋愛・結婚運UP

「子宝に恵まれたい！」

無から有を生み出してくれる数字とザクロの写真で子宝運UP

そろそろ子どもがほしいな、という人は、子宝に恵まれる南西の方角に「24」の数字を置いてみて。この数字は、〝無から有を生み出す〟力が強いのが特徴。健康運にも優れていて、子どもを授かりたいときにも強い味方になってくれるんです。

さらに「割れたザクロ」の写真を活用するのもおすすめ。はじけて中の粒が見えている状態のザクロも、子宝運を高めてくれます。ちなみに子どもができた後、数字を西の方角に動かすと、金運をアップすることができますよ。

待ち受け画面に置いて運気UP

開運ナンバーをスマホの南西に置く

開運壁紙でさらに運気UP

ザクロ

金運UP

開運ナンバー

24

「とにかくお金持ちになりたい！」

キラキラ光るダイヤモンドがお金にまつわるチャンスを広げる

数字の中でも、圧倒的に金運アップに強いのが、「24」です。宝くじが当たったり、仕事で大成功したり……といったお金にまつわるチャンスに恵まれ、思わぬ大金を手にしたりお金持ちに見初められるのも夢ではありません。数字の位置は、大金や資産を意味する北西の方角に置くと良いでしょう。

ただし、お金に対する執着心が強すぎると、行動が打算的になって、人間関係に悪影響を及ぼすことがあるので注意して。

壁紙の画像にはイミテーションではなく本物を使ってください。

待ち受け画面に置いて運気UP

開運ナンバーをスマホの 北西 に置く

開運壁紙でさらに運気UP

宝石

金運UP

開運ナンバー

8

「無理せず貯金をふやしたい！」

コツコツ貯める力を身につけ「土」でお金の流出を防ごう

貯金をふやしたい！ という場合は堅実さを意味する「8」を活用。地道にコツコツ頑張ることが得意な数字なので、無駄遣いや衝動買いをせず、着実にお金を貯めることができるようになるでしょう。方角は守りに強い北がベストです。

ちなみに、お金はもともと暗いところが好き。だから、明るいところに置くとどんどん外へ飛んでいってしまうんです。お金の原型であったゴールドや石が埋まっていた「土」の画像なら、お金が出ていくのを防いでくれますよ。

待ち受け画面に置いて運気UP

開運ナンバーをスマホの北に置く

開運壁紙でさらに運気UP

土

金運UP

開運ナンバー

21

「株や投資を成功させたい！」

三角形のタワーで情報をキャッチ！　先を見通す力を強化しましょう

株や投資などの資産運用を成功させるナンバーはズバリ「21」。先を見通すセンスに優れ、鋭い嗅覚で儲かりそうな情報を察知できます。計画的に物事を進める能力にも長けているので、冒険はせず確実に資産をふやしていくことができるでしょう。

東の方角にこの数字を置けば、先を読む力に加え、仕事運もアップ。画像は東京タワーやエッフェル塔のような「タワー」で、情報をキャッチするパワーを高めましょう。スカイツリーのようなとがった形よりも、三角形のタワーが理想的です。

待ち受け画面に置いて運気UP

開運ナンバーをスマホの

東

に置く

開運壁紙でさらに運気UP

タワー

金運UP

「お金のトラブルを解決したい！」

相手を許す寛容さを身につければトラブルの悪化を防止できます

相続、借金、ローンなどお金にまつわるトラブルを防ぐには、「35」の数字を南西に置いてください。これはどちらも母性愛が強い数字と方角。大きな優しさと愛で周りの人々を包み込んで癒やしてくれます。

つまり、金銭トラブルが起きそうになったときにも、相手を許し、譲歩できるということ。柔軟に対処することで、トラブルの悪化を防ぐことができます。始めと終わりがきちんとしたものもトラブル防止には有効なので、十二支のねずみを意味する「子」の文字を壁紙にして。

待ち受け画面に置いて運気UP

開運ナンバーをスマホの南西に置く

開運壁紙でさらに運気UP

「子」という文字

開運ナンバー

25

「やりくり上手になりたい！」

水が流れる噴水や滝壺のように、お金が循環していくイメージで

やりくり上手になって無駄遣いをなくしたい人は、お金の管理が上手になる「25」を画面の中心に置きましょう。頭脳明晰でシミュレーションが得意な数字なので、お金も計画的に使えるように。中心は合理性に優れ「いる・いらない」をすぱっと判断できるようになります。

お金は一カ所に滞るのではなく、入ってきたものが出ていって、また新しく入ってくる――というのが理想。そのイメージのように、水がどんどん循環していく噴水や滝壺の画像がいいでしょう。

待ち受け画面に置いて運気UP

開運ナンバーをスマホの中心に置く

開運壁紙でさらに運気UP

噴水・滝壺

金運UP

開運ナンバー

32

「宝くじで一攫千金！」

実りや収穫を意味するフルーツの盛り合わせを

宝くじや懸賞に大当たりするような〝引きの強さ〟を獲得したいなら、チャンスに強い「32」を南南東に置くのがおすすめ。くじ運の強さはナンバーワンで、一攫千金を狙うこともできるかも。一度良いことが起こると、連鎖して次々にチャンスを引き寄せられる数字なので、ラッキーが連続で起きるのもポイント。

くじでいろいろな種類のものを当たりやすくしたいなら、画像はフルーツの盛り合わせに。実りを意味するフルーツを何種類も盛り合わせるのがポイントです。

待ち受け画面に置いて運気UP

開運ナンバーをスマホの南南東に置く

開運壁紙でさらに運気UP

フルーツの盛り合わせ

琉球風水的 正しい宝くじの買い方

街の宝くじ売り場には、1等が出ました！　など当たりくじが出ていることをアピールしている売り場が多くあります。

当たりが出たときけば、「もしかしたら私も！」と、その売り場をひいきにするようになることもありますよね。

ここではシウマ流の琉球風水的な宝くじの買い方をお教えしましょう。

まず、どこの宝くじ売り場で購入するかがとても大事です。

家や会社を起点にして、西、北西、北東の方角にある売り場に行きましょう。

売り場が決まったら次は買いに行く日時です。十二支でいう**丑の日、寅の日、巳の日、酉の日**のいずれかに行きます。これは暦などを見ればわかります。そして、**16時**

以降に買いに行くようにしましょう。

風水では「丑」「巳」「酉」は財をもたらすという意味があり、金三合と呼ばれます。また「寅」には大きな変化という意味があり、金三合を大きく変えるという意味があります。

ですから、丑年生まれの人、巳年生まれの人、酉年生まれの人たちとお金を出し合って、寅年生まれの人が買いに行く……というのも琉球風水的な宝くじの購入方法なんです。

どちらにしても、基本的には宝くじは買わないと当たらない、ということもお忘れなく！　ぜひ試してみてください。

仕事運UP

開運ナンバー

33

「とにかく仕事で大成したい！」

本来の能力を引き出してトップへと導いてくれる

トップになりたい！　という野望を持つ人には頂点に輝くことを意味する「33」。この数字は好きなことを一生の仕事に選び活躍できる性質を持っていて、レベルの高い場所や、広い世界に行ってこそ、本来の能力を存分に活かすことができます。その力強さは周囲の共感を呼び、あなたを助けてくれる人も多く現れるでしょう。ちなみに給料アップや昇進、昇格にもこの数字は有効ですよ。北西の方角へ置けば力がより強まります。画像は、頂点のイメージに重なる高層ビルの写真を置いて。10階以上で、できるだけ高い建物を選ぶと◎。

待ち受け画面に置いて運気UP

開運ナンバーをスマホの北西に置く

開運壁紙でさらに運気UP

高層ビル

仕事運UP

「プレゼン力をつけたい！」

突っ込まれても慌てないコミュニケーション力アップ

人前でもあがらず、説得力のあるプレゼンをする力をつけたい人は、「23」の数字を活用しましょう。柔軟性が上がり、とっさに答えるのが難しいような質問をされても、上手に答えることができます。伝える力も身につき、相手が理解しやすいプレゼンができるようになるでしょう。変化に強く、臨機応変に答えられる北東の方角へ配置して。

画像も、いかようにも形を変えて柔軟に対応できる水のイメージが最適。変化に強い海の写真を待ち受けにしておきましょう。

待ち受け画面に置いて運気UP

開運ナンバーをスマホの**東北**に置く

開運壁紙でさらに運気UP

海

仕事運UP

開運ナンバー

11

「第一印象を良くしたい！」

美しくさわやかな青空を眺めて明るく朗らかな表情を生み出して

営業やサービス業など人に接する仕事の人は、第一印象が重要ですよね。初対面の人にいい印象を与えたいなら、「11」の数字を東南の方角へ置きましょう。清潔感があり誠実な性質は、老若男女から好印象。知的で話題も豊富なので、会話も弾むようになります。

そして、好印象の決め手になるのは、なんと言っても素敵な笑顔。そのためには、キレイな青空の写真を待ち受けにするといいでしょう。自然と表情が明るくなって、朗らかにコミュニケーションが取れるはず。

待ち受け画面に置いて運気UP

開運ナンバーをスマホの東南に置く

開運壁紙でさらに運気UP

青空

仕事運UP

開運ナンバー

35

「再就職や転職を成功させたい！」

風に揺れる若葉にのって希望の会社へ転職しましょう

今の会社に不満があったり、もっと良い環境で働きたいと願っている人は、「35」の数字を取り入れてみましょう。この数字は、あなたの能力やまじめな性質を相手に伝わりやすくしてくれます。方角は、仕事の運気を上げる東の力と、対人運を上げる南の力を兼ね備えた、東南東がベター。あなたの力を買ってくれる人が現れ、好条件な転職へと導いてくれるでしょう。

風に揺れる観葉植物の葉や若葉の写真を取り入れると、望むような転職先へとあなたを運んでくれますよ。

待ち受け画面に置いて運気UP

開運ナンバーをスマホの東南東に置く

開運壁紙でさらに運気UP

葉や若葉

「憧れの外資系企業で働きたい！」

海外と関連が深い数字を使って世界を舞台に活躍しましょう

実は、「単に転職を成功させたい」場合と、「外資系企業に入りたい」場合では、適した数字が変わってきます。「21」の数字は仕事運に強いだけでなく、海外と関わりが深いのが特徴。海外で成功したい人、世界を股にかけて働きたい人にも最適。仕事に強い東の方角へ置けば、キャリア志向が高まり、持ち前の能力を存分に発揮して、大きな成功をつかむことができます。

遠くから幸運を運んできてくれる鳥の画像を使えば、世界を舞台にバリバリと働くのも夢ではありません。

待ち受け画面に置いて運気UP

開運ナンバーをスマホの 東 に置く

開運壁紙でさらに運気UP

鳥

仕事運UP

開運ナンバー

25

「資格取得試験に合格したい！」

記憶力&計画力をアップして着々と学習計画を進めていこう

仕事に役立つ資格を取りたい、会社の昇級・昇格試験に受かりたいという人は、勉強に強い性質を持つ「25」の数字を取り入れましょう。記憶力と計画力に優れた数字なので、試験当日に向けた勉強スケジュールをしっかり練り、着々と計画に基づいて勉強を進めていけるでしょう。根性もある数字なので、合格まであきらめずに粘り強く努力できるはず。方角は勉強に向く北の方角へ。知性をイメージする辞書の画像を表示しておけば、勉強に対するモチベーションもぐんとアップ。

待ち受け画面に置いて運気UP

開運ナンバーをスマホの北に置く

開運壁紙でさらに運気UP

辞書

仕事運UP

開運ナンバー

38

「苦手な上司とうまく付き合いたい！」

気の合わない相手とも好意的な関係を築きます

苦手だからといって、避けるわけにもいかない上司や先輩。衝突せずにうまくやっていくには、「38」の数字がいいでしょう。優しく穏やかで愛にあふれた数字なので、広い心で相手を受け入れることができます。方角は、目上の人との関係をスムーズにする北西へ。気が合わない相手でも、好意的な関係が築けます。

社内の人間関係を円滑にするには人とのつながりを意味するチェーンの写真に。輪になっている鎖であれば、ブレスレットでも、自転車のチェーンでも、なんでもOK。

待ち受け画面に置いて運気UP

開運ナンバーをスマホの

北西

に置く

開運壁紙でさらに運気UP

チェーン

開運ナンバー

41

仕事運UP

「出世街道を突き進みたい！」

実力を最大限に引き出して社内のトップを目指していける

出世したい、上の地位にいきたいという人に力を貸してくれるのが「41」の数字。最初は苦労しても、実力をどんどん発揮していける数字で、目標を現実にする力があります。判断力にも優れ、ピンチに陥っても、その場にふさわしい方法でスムーズに乗り切ることができます。

方角は、上の役職へ上昇することを意味する南へ。勢いがあって、マグロやカツオのように絶えず前へ泳ぎ続けている水族館の魚を待ち受けにすれば、社内でトップへ上りつめる夢もぐっと近づきますよ。

待ち受け画面に置いて運気UP

開運ナンバーをスマホの南に置く

開運壁紙でさらに運気UP

水族館の魚

仕事運UP

開運ナンバー

3

「希望の部署や会社で仕事したい！」

フットワークを高める東のパワーを取り込んで

具体的にやりたい仕事や働きたい会社がある人は、希望が叶う「3」の数字を使って。フットワークが軽くて、自分にとってプラスの情報やニュースをつかんでいける数字なので、思いどおりの仕事、好きな仕事に就ける確率がグンと高まりますよ。

数字を表示する方角は、目標を叶える力を持つ東のエネルギーを得られるように、東の方角へ。東から昇っていく朝日も、同様に希望を叶えるパワーを持っているので、きれいな朝日の写真を壁紙にするといいでしょう。

待ち受け画面に置いて運気UP

開運ナンバーをスマホの 東 に置く

開運壁紙でさらに運気UP

朝日

仕事運UP

開運ナンバー

6

「良いパート先に恵まれたい！」

目に見えないパワーを借りれば理想的な条件の職場が見つかる

お給料や環境、人間関係など条件の良いパート先を見つけたいなら、強運をつかむ「6」の数字を使いましょう。この数字は、先祖からの導きなど目に見えない存在から力を借りて、幸運をつかみ取ることができます。第六感も冴えるので、「この職場が良さそう！」と思って飛び込んだら、自分の希望にぴったりだった……といったことも。このカンをさらに研ぎ澄ませてくれるのが、北西の方角。星形モチーフのアイテムや夜空の星の写真は、スピリチュアルな力を高めてくれます。

待ち受け画面に置いて運気UP

開運ナンバーをスマホの**北西**に置く

開運壁紙でさらに運気UP

星形モチーフ

仕事運UP

開運ナンバー

8

「営業成績を断トツに上げたい！」

ひとつずつ着実に成績を積み上げるピラミッドをイメージしてみて

営業成績や売上を上げたい、契約をたくさん取りたい……。そんな人の成績アップを補ってくれるのが、「8」の数字。努力家で確実に一歩ずつ前進できるタイプなので、ひとつひとつ着実に数字を積み重ねていけます。スピードはゆっくりですが、努力が結果に結びつきやすいのも特徴。

方角は西。あなたの努力を成績という具体的な形にして表してくれる方角です。着々と成績を積み上げていく積み木やブロックの画像が、あなたをサポートしてくれます。

待ち受け画面に置いて運気UP

開運ナンバーをスマホの 西 に置く

開運壁紙でさらに運気UP

積み木

社交運UP

「SNSトラブルを回避したい！」

ネット上のトラブルや炎上を回避してくれる

最近は、ＳＮＳを通じた人付き合いで悩む人も多いのでは？〝炎上〟などのトラブルも増えています。これらを回避してくれるのが、「11」です。この数字は処理能力が高くて、悪いものや嫌なものをうまく流す力が強いのが特徴。ストレスがたまらず大きなトラブルまで発展しません。誠実さが伝わりやすいのも「11」の特徴。言葉だけでは真意を伝えにくいものですが、あなたの素直さや実直さが、相手にストレートに伝わるはず。誤解や行き違いを招くこともなくなるでしょう。空気清浄機の画像が悪いものを取り去ってくれます。

待ち受け画面に置いて運気UP

開運ナンバーをスマホの東南に置く

開運壁紙でさらに運気UP

空気清浄機

社交運UP

開運ナンバー

5

「近隣トラブルを回避したい！」

観葉植物を飾って人間関係をスムーズに

そう簡単に逃げられないのが、ご近所トラブルの困ったところ。引っ越すといっても、なかなか現実には難しいですよね。そんなときに活用したいのが、思いやりや協調性の数字である「5」。聞き上手になって、どんな人とも、円満にコミュニケーションを取れるでしょう。

方角は、社交性を高める西の方角がベスト。人間関係をスムーズにする観葉植物の写真と組み合わせて。サボテン以外ならなんでもOKですが、特に効果の高いのは葉の涼しげな「ディフェンバキア」です。

待ち受け画面に置いて運気UP

開運ナンバーをスマホの

西

に置く

開運壁紙でさらに運気UP

観葉植物

社交運UP

開運ナンバー

15

「ママ友たちとうまくやりたい！」

競争心や対抗意識をなくして優しい気持ちで接するように

ママ友とソリが合わない人は、「15」で対人運を高めて。情に厚く面倒見が良い数字で、家庭運にも強いので、家族ぐるみの付き合いもうまくいきそうです。

配置する南西は、母性のエネルギーが強い方角。ママ友同士のトラブルは、子どもの競争や夫の収入など、人と比べたり競争したりすることから始まることが多いですが、この方角を使えばそうした対抗心もなくなります。「子どものために仲良くしよう」と思えるよう、子どもの写真を待ち受けに。

待ち受け画面に置いて運気UP

開運ナンバーをスマホの南西に置く

開運壁紙でさらに運気UP

自分の子ども

社交運UP

開運ナンバー

31

「周囲から嫌われたくない！」

米は日本人が大好きな主食。みんなに愛される存在に

他人に嫌われるのが怖い、もっと好かれたい、という人は「31」の助けを借りてみてください。気立ての良さから多くの人に愛され、人望を集められる数字です。統率力もあり、グループを率いてまとめる能力も十分。方角は他人との縁を結びつけてくれる、東南方向へ置いてください。

待ち受けは、日本人の主食であるお米。お米は和洋中のどんな味のおかずにも合います。そんなお米のようにどんな状況にあっても、まわりから愛される人になれますよ。

待ち受け画面に置いて運気UP

開運ナンバーをスマホの東南に置く

開運壁紙でさらに運気UP

米

社交運UP

開運ナンバー

48

「ケンカした友だちと仲直りしたい！」

絆を意味するリボンでスムーズに仲直りできる

仲違いしている友人との関係を修復したいなら、人徳運を上げる「48」を使います。コンサルタント的に、相手をうまくコントロールできる数字で、知性に恵まれて人にも好かれます。ケンカを避けるのに必要な〝冷静さ〟に関わる北の方角に置けば、頭に血が上っていた人も、落ち着いて話ができます。

結び目があるリボンは絆を意味します。リボンを待ち受けにすれば、仲が良かった昔を思い出させてくれるので、仲直りのスピードもアップ。謙虚な態度で自分から謝れるはず。

待ち受け画面に置いて運気UP

開運ナンバーをスマホの北に置く

開運壁紙でさらに運気UP

リボン

健康運UP

開運ナンバー

18

「病気やけがに悩まされないように！」

生命力にあふれた木や山がタフな体をつくってくれる

病気やけがに悩まされない健康な体づくりには「18」。大木をイメージするこの数字は、タフで生命力にあふれています。中心に数字を置くのがベストです。壁紙はあなたの体を守ってくれるような、雄大な山の写真がおすすめです。ただし、水は健康運と相性がよくないので、水が映っている画像には気をつけてください。一般的にはおめでたいとされる「逆さ富士」も、健康運には避けたほうが無難です。具体的に気になる体の部分がある人は、部位別に有効な数字を一緒に使います（１４０ページ参照）。

待ち受け画面に置いて運気UP

開運ナンバーをスマホの中心に置く

開運壁紙でさらに運気UP

山

健康運UP

開運ナンバー

7

「ダイエットがうまくいきキレイに!」

真っ青なブルーの色が食欲を抑えてくれます

「ダイエットを成功させたい」「もっとキレイになりたい」という人は、「7」の数字を活用しましょう。目標に向かって頑張る根気強さやタフな精神力は、地道なダイエットにぴったりです。

方角は、美しさを高める南へ。きれいなものを好む美意識の高い方角なので、あなたの美にも役立つはず。画像は、クリアなブルー。絵の具でも折り紙でも、真っ青な色ならなんでもOK。本来自然界に青い食べ物は存在しないだけに、食欲を抑え、ダイエットに効果的なんです。

待ち受け画面に置いて運気UP

開運ナンバーをスマホの

南

に置く

開運壁紙でさらに運気UP

青

開運ナンバー

13

健康運UP

「メンタルを強くしたい！」

かわいい犬や猫の画像で心を癒やし、メンタルの強さを手に入れて

うつになったり、落ち込んだりしないメンタルの強さを手に入れたい時は、「13」の数字が力を発揮します。この数字は落ち込んだ時でも自然と笑顔になれるのが特徴で、イヤなことがあっても引きずらないのが特徴。東の方角に置けば、気持ちをすぐに切り替えて、ポジティブに物事を考えられるようになります。

「落ち込まない」「悩みがない」というのは、ある意味動物のような素直な性質とも言えます。犬や猫の画像なら、あなたの落ち込みを救ってくれて、心を癒やしてくれますよ。

待ち受け画面に置いて運気UP

開運ナンバーをスマホの東に置く

開運壁紙でさらに運気UP

犬や猫

健康運UP

開運ナンバー

33

「イライラを鎮めたい！」

器の大きさを手に入れてイライラしがちな性格を改善

すぐにイライラして周りに八つ当たりしてしまう……という短気な人は「33」の数字を北の方角に置いてみましょう。この数字は、人間的魅力にあふれた愛されキャラ。器が大きく、ささいなことは気にせず許してしまう数字なので、短気な性格も改善してくれます。

画像は、見ただけで楽しい気持ちになれるスマイルマークがGOOD。マークの代わりに自分の笑顔の写真を入れるのも良いでしょう。画面に表示しておけば、いつもにこやかな自分でいられますよ。

待ち受け画面に置いて運気UP

開運ナンバーをスマホの北に置く

開運壁紙でさらに運気UP

スマイルマーク

数字パワーの源流「琉球風水」を知ろう！

すべてのルーツは琉球風水にあり

ここまで数字の力を知って使う数意学を基にした開運術について、解説してきました。

私の母や私がこの開運術を生み出すことができたのは、琉球風水や数にまつわる沖縄独自の風習が土壌にあったからです。琉球風水志として、琉球風水を多くの人に伝え活用していただきたいと思っているので、最後に、風水を含めた琉球文化について触れることで、数意学の背景にあるものを知っていただければと思います。

風水は中国で生まれました。大昔から水脈を見つけたり、地相を読むという技術を国づくりに利用し、それが後に風水と呼ばれるようになったといいます。この中国と交易が盛んだった琉球王国に風水が伝わったのは、ごく自然なことといえるでしょう。

14～15世紀頃には、琉球では風水を重視した村づくりをしていたことが沖縄の歴史書『球陽』にも書かれています。風水で地相、家相、墓相を見る人のことを、琉球では風水看（フンシーミー）と呼びますが、かれらが登場するのはちょうどこの頃だといわれています。

私の母も私も風水師ですが、わが家のルーツもここにあります。先祖代々言い伝えられていることでは、祖父の家系にはフンシーミーとして活躍していた人がいたようです。その遺伝子が今に受け継がれているのだと思うと、なにか不思議な気がします。

国づくりに活かされていた琉球風水

中国から琉球へ伝わった風水は地理学として位置づけられていたのです。王城、集

落、お墓、家屋などの位相、自然環境や地形などの地相を判断して、それが国の未来や人々にどのような影響を与えるのかを判断する学問としてとらえられていました。そして、風水は琉球でも国づくりに活かされました。

中国福建省に留学して風水を学び、それを活用した町づくりを行ったのが、サイオンと呼ばれる政治家です。

この人は琉球王国の役人の最高位である三司官（サンシカン・今でいえば総理大臣にあたります）になり、首里城を風水的に築城したことでも知られています。サイオンは、政治以外の分野でも活躍。国策として風水を活用して行った農林事業や土木事業は、自然環境の保存に大きく貢献。その後、大工、石工、易者、三世相（サンジンソウ）などをとおして、一般の人々に風水が伝えられるようになったといいます。

私の体にフンシーミーの遺伝子が受け継がれてきたように、沖縄には今でも、風水思想から生まれ、一般の人々の生活の中に受け継がれてきたものがいくつも残っています。

たとえば石敢當（イシガントウ）と呼ばれる魔除けの石碑。沖縄では、石板に石敢當と書かれ、表札のように民家の壁にかけられているのが見られます。昔、魔物や邪気は直進しかできないものとされていました。そこで、丁字路や三叉路などで突きあたりの家屋に魔物が侵入するのを防ぐため、その石碑を置き、まっすぐにやってきた魔物にぶつけて消し去ろうとしているのです。

「ひんぷん」もそうです。ひんぷんとは、外部からの視線をさえぎる目隠しとして門と家屋の間におかれた屏風状の壁のこと。直接的な風（気）は強すぎるため、「ひんぷん」に当てて左右に風（気）を誘導し、緩やかで心地よい風（気）を家に取り込む役目があるとされます。

シーサーは守り神といわれることが多いのですが、も

ともとは、大工さんが余った瓦でシーサーをつくり、玄関の上の屋根の上に１体だけ置いたようです。気の流れを良くするために置かれたという説もあり、魔除けという意味はなかったようです。

現在は、左右シンメトリーに置くスタイルが多く見られますが、もともとは１体で屋根の上に置かれていました。首里城の屋根にも１体のシーサーが見られます。

風水は迷信として片づけられることも多くなっているのは事実ですが、このように目に見える形で残っている琉球風水がなくならないように後世に伝えていくのも、私の役目のひとつです。

琉球風水とは「居心地の良さ」を追求する作法

沖縄には「ドゥフンシー」という言葉があります。「ドゥ」とは自分自身。「フンシー」は風水です。自分自身の風水ということです。琉球風水には、自分にとって居心地の良い空間、自ら動くことが大切、幸せをつくるのは自分自身といった思想が流れています。琉球風水はルールがあってない風水だと私はよく言うのですが、自分の居心地の良さを第一に考えて臨機応変に変えていってOKということなんです。

沖縄は東北から南西にかけて長い島。気候風土も異なる大陸生まれの中国風水をそのまま当てはめることはできません。中国風水が大陸風水なら沖縄は海辺の風水です。ですから中国風水でNGなことでも、琉球風水ではOKとなることも。たとえば、中国風水では鬼門（東北）や裏鬼門（南西）には、水まわりは置いてはいけないといわれています。でも、琉球では南西に井戸を置きます。南西は西日がきつかったり、夏は暑くなったりするので、井戸を置いて水場をつくり、暑さをしのぐ工夫をしているんですね。

また、風水的に良いとされることでも、それが住人にとっての不快のエネルギーにつながってしまうならやらないほうがいいのです。

たとえば、風水では、西に黄色のものを置くと金運がアップすると言われます。これはその通りなのですが、黄色が好みではない場合もありますよね。「好きではない」「嫌い」というのはマイナスの気。そこに住む人にとっての良い気の流れを生みません。

また、家相でいうと、風水学上は東南に窓があることがいいとされます。東南の窓を毎日開けると良い気が流れ、良縁や出会いが生まれるのです。とはいえ、都心で同じようにしたら、窓を開けたときに大量の排気ガスが入ってくる可能性も。もちろん防犯上も良くないことがあります。ではどうするか？　空気清浄機を使って空気を動かせばいいのです。窓ではなく、空気清浄機に置き換えるんですね。

基本のルールがあるけれど、それに縛られず、時代に合ったスタイルに変えていく、これが琉球風水でもあるのです。

沖縄の先祖供養に残る数字の文化

1・2・3

それでは最後に、琉球には数にまつわる文化が数多く残っているというお話です。

沖縄では、ヒラウコウ（平御香）と呼ばれる6本がひとつになった黒い板状のお線香が使われます。祈りの内容が自分のことなら半分に割って3本、家族のことなら12本、土地のことであれば24本のお線香を使います。

沖縄では、目に見えないものに対して昔から「6」やその倍数を使っていたんです。私が提案する数意学でも「6」は、神仏のご加護、シャーマン、天恵といった意味があり何か不思議なつながりを感じずにはいられません。

使うお線香の本数はエリアや家によって異なり、必ずしもこの数で行われるわけではありません。こうした数の文化は少しずつ薄れてきているのは事実ですが、数のパワーを伝える私としてはぜひとも残していきたい文化だと思っています。

数の文化はお線香の本数だけではありません。年中行事には、吉数が重なる日が選ばれているのも特徴です。たとえば旧暦の3月3日は海に感謝するハマウリ(浜下り)の日。御馳走を持って海辺に行き、海水に手足を浸して清め健康を願う日とされます。

数にまつることでもうひとつ。

琉球が沖縄と呼ばれるようになったのは明治時代。琉球の画数は「24」、沖縄の画数は「27」です。「24」は大吉数で、無から有を生むエネルギーを持った数字です。琉球時代は、厳しい自然条件ながらも貿易などにより450年の長きにわたり繁栄してきました。

でも、沖縄となり「27」になると以前とは異なる孤立した土地になっていったのです。ここにも数字の力が関係しているのでは、と思わざるをえません。

おわりに

最後まで読んでいただいて、ありがとうございました。

いかがでしたでしょうか？　数字の持つさまざまなエネルギーや意味、そして、あなたがどんな「数字」の影響を受けて生活をしていたかを、知っていただけましたか？

数意学は「知らないより、知っていたほうが良い」術です。

そして知ったならば、まずはとにかく「動く」「動いてみる」ということから、運気アップは始まります。

たとえそれが半信半疑だったとしても**「動いた」「動かした」ということは、「今よりも良くなりたい」という「気持ち」からの行動**だと思います。

ですが、そこからあなたの運命は変わります。

繰り返しになりますが、**この本を手に取ってくださった時点で、もう変わり始めているの**です。

大丈夫。あなたの運気はきっとアップします。

もちろん、自分に悪影響を与える数字に変えてしまったら逆効果ですけれどね（笑）。

不思議なことに、**数字は〝同じ数字〟を引き寄せる**傾向があります。

良いエネルギーを持った番号は、良いエネルギーをどんどん引き寄せます。逆もまたしかりです。意識して見ていくうちに、自分に必要な数字、合う数字、相性の悪い数字がきっとわかってくると思います。

そうやってぜひ良いエネルギーに満ちた〝自分の数字〟を見つけ、良い数字の似合う人生を送っていただければと思います。

沖縄には「ゆいまーる」という言葉があります。これは、お互いに助け合うという意味の方言。

このゆいまーるの精神で、自分だけでなく、周囲の人たちの幸せのためにも、数意学をぜひ役立てていただきたいと思います。

琉球風水志　シウマ

2023年　冬

【著者プロフィール】

シウマ

1978年６月13日、沖縄県生まれ。琉球風水志。風水師であった母の影響により、沖縄独自の琉球風水や姓名判断、九星気学を学ぶ。それらを基とした数意学を編み出すと、これまで延べ５万人余りを鑑定し、数字の持つパワーを説き多くの人々を開運に導く。驚異的な的中率と開運力が話題になり、多くの芸能人や経営者から支持を受ける。『突然ですが占ってもいいですか？』（フジテレビ系）ほかメディア出演多数。おもな著書に『スマホ暗証番号を「8376」にした時から運命は変わる！』（主婦と生活社）、『身の回りをパワースポットに変える「数字の魔法」』（講談社）、『琉球風水志シウマの恋占い』（SDP）がある。

スマホ暗証番号を
「8376」にした時から
運命は変わる!

2023年12月31日　　第1刷発行

著　者　シウマ

発行者　矢島和郎
発行所　株式会社飛鳥新社
〒101-0003　東京都千代田区一ツ橋2-4-3 光文恒産ビル
電話03-3263-7770(営業)　03-3263-7773(編集)
https://www.asukashinsha.co.jp

印刷・製本　中央精版印刷株式会社

●本書は主婦と生活社から2015年に刊行された『スマホ暗証番号を「8376」にした時から
運命は変わる!』を再構成・加筆し文庫化したものです。
●落丁・乱丁の場合は送料小社負担でお取り替えいたします。小社営業部宛にお送りください。

ISBN 978-4-86410-990-1

編集担当　石井康博